거절방어 TRPG
좀비라인

서플리먼트

데드왈츠
Dead Waltz

관등학교

좀비 데드 왈츠

그림·제작 : 야스다 린

2차창작·상업이용에 대해

비영리적인 사용에 대해서는 CC(크리에이티브 커먼즈)를 통해 허가하고 있습니다만, 영리목적으로 2차창작을 하는 경우에는 어디까지 괜찮은지에 대한 판단이 애매한 부분이 있습니다. 구체적인 예시에 대해서는 P95를 참조해 주시기 바랍니다.

아래는 대략적인 방침입니다.

거점방위TRPG
좀비라인

플레이어즈 가이드 용도로서
48p까지 무료 공개 및 배포 가능
2차 창작도 OK
스트리밍이나 영상도 OK
유료이벤트로 즐겨도 OK

멋대로 복제하여 판매하는 것은 NG
서적 내용 전체 배포도 NG
공식이라고 오해할 만한 표기도 NG

세계관과 사람들의 모습

좀비가 대량으로 발생한 현대 일본에서 살아남는 거점방위계 좀비 서바이벌 물.
사람들은 감염예방을 위해 마스크를 항상 착용하고 있습니다.
또한 좀비에 물리는 것을 방지하기 위해, 왼쪽 그림처럼 온 몸을 가리는 옷차림을 하고 있습니다.

목차

좀비라인 플레이어즈 가이드는 TRPG Club 사이트에서 다운로드 하실 수 있습니다!
플레이어용으로 무료 배포할 수 있는 플레이어즈 가이드는 46페이지까지 수록되어 있는 풀컬러 PDF입니다!
부디 활용해 주시기 바랍니다.

데드왈츠

거점방어TRPG
좀비라인

설명 상자
전문용어에 관련된 내용은 이 상자를 통해 설명합니다.

이 책의 내용에 관하여

거점방위 TRPG 『좀비라인』의 추가 데이터 및 시나리오가 실려 있습니다.

캠프, 학교, 상어, 군인, 초능력, 차량 여행 등 다양한 소재의 시나리오를 6개 준비했습니다.

거점을 지킬 뿐만 아니라, 거점을 찾거나 생존자를 구출하는 등 다양한 상황을 즐길 수 있습니다.

수록된 시트류

NPC 시트 (샘플 3종)

거점 시트 (백지·기입 완료 16종)

캐릭터 시트 (일반·초능력자)

관리 시트 (전 리소스 표시·거점 외)

지도 시트 (백지·마키우타 시)

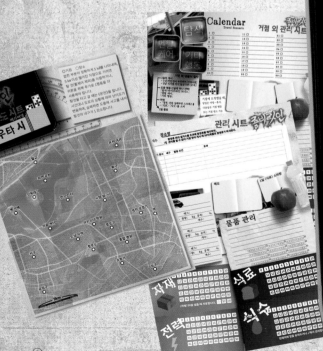

■다운로드 자료 안내

시트 PDF

캐릭터 시트(PDF)

거점 시트(PDF)

게임용 말(A3/PDF)

거점관리 시트(PDF)

거점 시트(PDF)

NPC 시트(PDF)

플레이어즈 가이드(PDF)

구글 스프레드시트용 캐릭터 시트

좀비라인 플레이어즈 가이드

플레이어용 룰북은 무료 공개입니다.

■TRPG 리플레이 동영상

Youtube나 니코니코동화에 실제로 플레이하는 광경을 리플레이 동영상으로 공개했습니다.

알기 쉽게 200장 넘는 손그림 일러스트로 참극의 밤을 설명해 봤습니다.

좀비라인의 분위기와 세계관을 파악할 때 힌트가 될 것입니다.

URL: https://www.youtube.com/watch?v=JPRn7jBwQuw

클리어条件：2日間の生存

핸드아웃

※참조 페이지 보는 법
p.x라고 적혀 있는 경우는 이 책을, ZLp.x라고 적혀 있는 경우는 『거점방위 TRPG 좀비라인』 룰북을 참조하시기 바랍니다.

핸드아웃(HO)

그 시나리오의 PC 배역입니다. 시나리오에 참가할 수 있는 PC를 한정하거나, 참극의 밤에 일어난 사건을 특정함으로써 몰입감이나 스토리성을 높입니다.

GM은 핸드아웃의 조건을 만족하지 못하는 PC의 참가를 인정하지 않고, 다시 제작할 것을 요구할 수 있습니다. GM과 상의한 후에 PC를 제작합시다.

일반 PC (일반 배역)

일반 캐릭터 시트를 사용해서 PC 제작(ZLp.8)의 절차를 따릅니다.

• 핸드아웃이 지정한 설정으로 제작합니다.
• 핸드아웃이 지정한 소지품을 가집니다.
p.7에 자유 태그의 무작위 표가 있습니다. 만약 결정하기 어렵다면 참조하시기 바랍니다.

군인PC

일반 캐릭터 시트를 사용해서 PC 제작(ZLp.8)의 절차를 따릅니다.

• 직업은 【군인】이나 【용병】을 추천합니다.
• 반드시 전투 스킬 《연사》를 선택합니다.
• 초기 장비품으로 아래의 총이나 총탄을 소지합니다.
전투에 관해서는 일반 PC에 비해 매우 강합니다.

군인 PC의 초기 소지품

소지품으로 아래의 장비를 가집니다.
총기의 총탄은 최대 장전수까지 장전되어 있습니다.

• 단도류 (ZLp.16) • 피스톨 (ZLp.18)
• 어설트 라이플 (ZLp.18) • 수류탄 (ZLp.18)
• 탄창 (어설트 라이플:30발)×5
• 마스크 • 스마트폰 • 회중전등 (ZLp.20)
• 트랩 툴 (p.11)

핸드아웃의 역할

핸드아웃이 여러 개 있을 때, 플레이어는 핸드아웃의 내용을 듣고 아무거나 하나 골라서 PC를 제작합니다. 전원이 같은 핸드아웃을 고르지 않도록 균등하게 배분합시다.

핸드아웃을 쓰지 않을 때

핸드아웃을 쓰지 않는 경우는 일반 PC로 제작합니다. 이것은 참극의 밤 이벤트 표가 일반 PC를 상정하고 있기 때문입니다.

초능력자 PC (핸드아웃 한정 배역)

초능력자 전용 캐릭터 시트를 사용해서 초능력자 PC 제작(p.6)의 절차를 따릅니다.

• 나이는 18세 이하로, 학력이나 직업은 없습니다.
• 초능력 계통(p.8, 9)을 하나 선택합니다.
• 스킬로 《참기》와 아무거나 다른 스킬 1개를 선택합니다.
• 스트레스 증상의 공격은 모두 초능력을 사용합니다.

초능력자와의 대화 기록

초능력자가 되고 싶다고? …이건 그렇게 편리한 게 아니야.

초능력자는 스트레스의 부하를 통해 발현할 수 있는 힘이 다른 걸로 알아. 병기로서 활용하기에는 너무 불안정하지.

게다가 태어났을 때부터 줄곧 초능력 훈련을 받은 상태로도 이 모양인데, 혹시라도 아무것도 모르는 사람이 초능력을 사용하면 무슨 일이 벌어질지……. 초능력은 히어로의 슈퍼 파워 같은 게 아니야. 이 점은 결코 잊지 말아줘.

스트레스가 한계에 도달해서 초능력이 폭주한 아이가 어떻게 되었는지는 지금도 선명하게 떠올라. 멀리서는 우리의 목소리가 닿지 않아서…… 자멸할 때까지 폭주가 멈추지 않았지. 다가갈 수만 있었다면 격려해서 막아낼 수도 있었을 텐데.

선택 규칙

GM이 미리 그 시나리오 한정
으로 채용하는 규칙입니다.

거점 외 생활 (p.16)

OPTION RULE

거점 생활의 진행을 대체하는 선택 규칙입니다.

거점 생활을 하는 대신, 1일 1회만 행동하는 거점
외 생활을 진행해 봅시다.

보통은 「탐색」「멘탈 케어」「기타 행동」만 할 수 있
으며, 거점 등에서 안심하고 휴식을 취할 수 있을 때
를 제외하면 교류 롤플레이로 스트레스를 증감하거나
긴장감을 회복할 수 없습니다.

지도 (p.22)

OPTION RULE

준비한 지도를 참조하여 주변을 조사할 수 있습니다.

발견한 장소, 단서를 얻은 장소 등에 습격 포인트나
조사 포인트를 배치합니다.

지도상의 장소나 포인트에 말을 배치하면 그 장소에
갈 수 있습니다.

탈것을 타고 가는 경우는 사고를 내지 않았는지 운전
판정을 합니다.

무더위

OPTION RULE

□□□ 조□할 때 아래의 사항을 처리합니다.

선택 규칙의 채용

그 시나리오에 필요한 규칙만 채용합시다.

선택 규칙을 채용할 때는 무엇을 채용할지 미리 플
레이어에게 알려둡시다.

선택 규칙은 『좀비라인』을 더 재미있게 즐기기 위
한 조미료입니다.

조미료를 너무 많이 넣으면 맛이 이상해지는 것처
럼, 선택 규칙을 전부 적용하는 것은 위험합니다.

시나리오 도중에 채용할 때는 플레이어에게 제대
로 확인을 받고 나서 채용합시다.

오른쪽 페이지에는 이번에 수록한 시나리오에도
반영된 범용 선택 규칙 세트(상급 세트)가 실려 있습
니다.

썩은 내

OPTION RULE

【더러움】칸이 조사 포인트가 되는 규칙입니다.

조사 포인트(ZLp.52) 표 대신 【더러움】칸 어딘가
에 조사 포인트를 발생시킵니다.

조사하는 경우, 가사/보통(70%)의 청소에 성공하
면 【더러움】이 없어져 깨끗한 상태가 됩니다.

방치하는 경우, 거점 내에서 휴식을 취했을 때 악취로
잠들지 못하여 10%의 확률로 스트레스↑ 를 받습니다.

추위

OPTION RULE

□□일을 종료할 때 아래의 사항을 처리합니다.

【더러움】칸에 의한 스트레스 상승은 발생하지 않습니다.

□외와 실내를 구분하는 구조물이 파괴되었다면 추
□로 스트레스↑ 를 받습니다. 파괴된 구조물에 장
□물을 배치하면 이를 막을 수 있습니다.

□C 한 명마다 〈전력〉1을 추가로 소비해서 몸을
□히지 않으면 추위로 스트레스↑ 를 받습니다.

선택 규칙 제작

선택 규칙의 예시를 참고하여 오리지널 하우스 룰 (그 팀
□서만 사용하는 규칙)을 만드는 것 또한 재미있을 것입니다.

팀별 탐색 <small>OPTION RULE</small>

탐색에 나선 PC가 4인 이상일 때, 두 팀으로 나뉘어서 탐색 이벤트를 수행하는 선택 규칙입니다.

한 팀은 2~3명입니다. 같은 팀의 멤버가 운전하는 탈 것에 함께 탈 수 있습니다. 다른 팀의 탐색 이벤트에는 기본적으로 관여하지 않는다는 것에 주의하시기 바랍니다.

한 번에 일어나는 탐색 이벤트를 늘릴 수 있지만, 세션에 더 많은 시간이 듭니다.

사각 <small>OPTION RULE</small>

PC가 습격시에 감에 의지하여 움직이는 선택 규칙입니다.

사선이 통하지 않는 【실내】칸에는 뭐가 있는지 알 수 없습니다. 사각에 해당하는 칸은 「관찰」의 대상 외입니다.

사각에 해당하는 칸에 뭐가 있든 간에, GM은 거기에 말을 두지 말아주세요. 소리나 냄새로 뭔가가 있다고 묘사하는 것은 상관없습니다.

계획 세우기 <small>OPTION RULE</small>

거점 행동(GM이 바란다면 확률 엔드를 굴리기 전에도) 「계획」으로 계획을 세워 준비를 함으로써 성공 확률을 높이는 선택 규칙입니다.

GM은 PC가 제안한 내용에 따라 해당하는 확률 엔드에 보너스(누적 가능)를 줍니다.

• 확률 엔드에 +10% 또는 +[1D10](1~10)%
• 한 번만 주사위를 다시 굴릴 수 있습니다.
(예: 방범 부저를 던진다)

장비 <small>OPTION RULE</small>

공격수단을 제한하는 선택 규칙입니다.

공격수단으로 삼을 무기를 메인 무기 1종류, 서브 무기 1종류로 도합 2종류 가집니다.

그 밖의 무기를 사용할 때는 메인 무기나 서브 무기와 「장비 교환(1AP)」을 해야 합니다.

전투의 고속화, 필요 이상의 무기를 사용할 수 없는 리얼리티를 추구할 때 유효합니다.

무기나 탈것의 개조 <small>OPTION RULE</small>

거점 개축시에 무기나 탈것을 강화하는 선택 규칙입니다.

「개조」(거점 개축시에만)

「함정류와 무기의 제작」의 차례를 사용해 소지품 중에서 하나 선택하고, 〈자재〉1을 소비합니다.

무기 (격투•부딪히기•던지기 제외)나 탈 것 하나에 【개조(+x)】태그를 부여합니다.

【개조(+x)】 공격에 +[1D10](1~10)%합니다. X 수치가 큰 쪽으로 덮어씁니다.

예: 둔기【개조(+4)】를 개조하는 경우, 1D10에서 1이 나왔다면 현재의 상태를 유지하고, 6이 나왔다면 둔기【개조(+6)】이 되어 공격이 46%가 됩니다.

들기 (ZLp.53) <small>OPTION RULE</small>

전투 중에 상대를 움직이는 행동에 관한 선택 규칙입니다.

「들기 (3AP※)」

※움직이려는 상대가 「자기 신장의 절반 이하」이거나, 「자기 체중의 절반 이하」라면 각각 소비 AP가 -1됩니다(최저 1).

▼들고 있는 캐릭터

자신과 함께 자신이 둘러멘 대상을 이동시킵니다. 상대를 들고 있는 동안 최대 AP가 -2 됩니다.

「내리기(0AP)」로 【들기】 상태를 해제할 수 있습니다.

▼들려 있는 대상

최대 AP가 줄어들지는 않지만, 이동은 할 수 없습니다.

「내려오기(0AP)」로 【들기】 상태를 해제할 수 있습니다.

시간대에 따른, 작성 완료한 거점 시트의 상황 변화

아침: 【실외】의 【옅은 암흑】이 없어집니다. 또한, 【실외】에 있는 【좀비】는 【상태나쁨】이 됩니다.

낮: 【실외】의 【옅은 암흑】이 없어집니다.

밤: 그대로 사용합니다. 전기가 공급되지 않는 경우, 모든 칸이 【옅은 암흑】이 됩니다.

초능력자 제작

초능력자 제작

플레이어는 게임의 주역이 될 PC를 제작하고, PC를 통해 좀비라인의 세계를 즐깁니다.

초능력자 PC 전용 캐릭터 시트(p.79)를 준비합니다.

이 PC는 초능력을 사용할 수 있습니다.

하지만 그들은 만능이 아닙니다. 당신의 PC가 사용하는 초능력은 정신 상태에 좌우되며, 스트레스가 한계에 도달하면 주위에 무차별적으로 위해를 가할 수도 있습니다.

■초능력

그때의 정신 상태에 따라 초능력의 효과가 변화합니다. 스트레스 현재치로 정해지는 정신 상태(0~2: 안정, 3~4: 불안, 5: 한계)에 따라 초능력의 소비 AP나 효과, 그 후의 대가가 3단계로 나뉩니다.

①안정 (스트레스가 0~2)

감정이 안정적입니다. 초능력은 0AP로 발동합니다. 거점 행동 때는 행동을 소비하지 않고 사용할 수 있습니다.

②불안 (스트레스가 3~4)

감정이 흔들리고 있습니다. 초능력은 1AP로 발동합니다. 사용후에는 스트레스↑ 를 받습니다.

③한계 (스트레스가 5)

감정이 고양되어 있습니다. 초능력은 그 차례의 모든 AP를 소비해서 발동합니다. 사거리 2 이내의, 자신을 제외한 모든 대상이 휘말리며, 사용 후에는 【상처】와 스트레스↑ 를 받습니다. 또, 스트레스 증상에 의한 공격(분노, 기피, 폭주, 혼란)을 할 때는 이 초능력을 최우선으로 사용합니다.

초능력을 선택합니다

초능력 리스트를 보고 하나 정합니다.
【발화】【전기】【수류】【치유】【이형】【염동】
【전이】 중에서 하나를 선택합니다.

⬇

성격을 두 개 정한다

자유로이 2개 정합니다.

⬇

성별, 나이를 정한다

나이는 18세 이하의 범위에서
자유로이 정합니다.

⬇

신장, 체중을 정한다

인간이라 생각되는 범위 내에서 자유로이 정합니다.

⬇

자유칸을 정한다

자유칸에 경험이나 좋고 싫은 것들을 씁니다.
생각나는 것이 없다면 오른쪽 페이지의 표를 봅시다.

⬇

이름을 정한다

성과 이름 표에서 고르거나 자유로이 정합니다.

⬇

스킬을 정한다

《참기》와 그 밖의 스킬을 아무거나 1개 선택해서 총
2개의 스킬을 취득합니다.

⬇

복장을 정한다

가벼운 옷입니다. 싫다면 나중에 갈아 입으세요.

⬇

완성!

D100	자유(외견)	D100	자유(외견)	D100	자유(외견)	D100	자유(외견)
1	귀여운 인상	51	깔끔한 손톱	1	애니메이션을 좋아함	51	입을 삐죽 내밀고 화낸다
2	멋있는 인상	52	거친 손톱	2	턱에 손을 갖다 댄다	52	생각을 하면서 머리를 긁음
3	늠름한 인상	53	손발이 크다	3	일진 분위기	53	생각할 때는 팔짱을 낀다
4	아름다운 인상	54	다리가 길다	4	안 해도 될 말까지 한다	54	큰 소리로 웃는다
5	무서워 보이는 인상	55	팔이 길다	5	항상 장갑을 끼고 있다	55	허리에 손을 얹는다
6	수상한 인상	56	피아니스트 같은 손	6	항상 웃는 얼굴	56	최신 유행을 좇는다
7	섹시한 인상	57	새우등	7	코를 곤다	57	손가락으로 뚜둑 소리를 냄
8	눈에 잘 안 띄는 인상	58	서 있는 모습이 아름답다	8	손톱을 깨문다	58	손가락을 튕긴다
9	박복해 보이는 인상	59	작정한 메이크업	9	영화관에 다닌다	59	이를 간다
10	눈을 뗄 수 없는 인상	60	노 메이크업	10	오컬트 마니아	60	이를 드러내고 웃는다
11	고양이 같은 인상	61	가느다란 백발	11	곧잘 우쭐거린다	61	양치질을 빼먹지 않는다
12	호랑이 같은 인상	62	윤기 있는 은발	12	아저씨 개그를 좋아한다	62	글자는 정성껏 쓴다
13	강아지 같은 인상	63	불그스름한 은발	13	완벽주의자	63	귀를 쫑긋거린다
14	여우 같은 인상	64	바슬바슬한 금발	14	귀여운 것을 좋아한다	64	웃으면 이가 빛난다
15	너구리 같은 인상	65	빛바랜 금발	15	TRPG를 좋아한다	65	식사 예절을 까다롭게 따짐
16	도마뱀 같은 인상	66	천사 같은 금발	16	캠프를 좋아한다	66	식사를 하면서 책을 읽는다
17	비둘기 같은 인상	67	붉은 기를 띤 금발	17	매일 헬스를 한다	67	자기 전에 책을 읽는다
18	다람쥐 같은 인상	68	구리 같은 적발	18	휘파람을 분다	68	잠꼬대를 한다
19	고릴라 같은 인상	69	순수한 금발	19	동물 귀 상품을 좋아한다	69	잠버릇이 고약하다
20	뱀 같은 인상	70	벌꿀색 머리카락	20	관자놀이에 손가락을 댄다	70	언성을 높이지 않는다
21	쌍꺼풀	71	아마색 머리카락	21	콘텍트 렌즈를 낀다	71	설교하기를 좋아한다
22	실눈	72	윤기 없는 갈색 머리카락	22	신앙심이 깊다	72	설명을 해주고 싶어한다
23	예리한 눈매	73	탈색한 갈색 머리카락	23	센스가 낡았다	73	점괘를 신경 쓴다
24	늘어진 눈매	74	어두운 갈색 머리카락	24	눈을 마주치지 않는다	74	남에게 맨살을 보이지 않음
25	삼백안	75	적갈색 머리카락	25	누구에게나 경어로 이야기	75	발냄새가 심하다
26	오드아이	76	초콜릿색 머리카락	26	누구에게나 반말로 이야기	76	남의 눈을 신경 쓴다
27	무감정한 눈동자	77	염색한 듯한 흑발	27	무심코 팔짱을 낀다	77	손발톱 관리를 열심히 함
28	시원스러운 눈동자	78	푸른 흑발	28	무심코 손가락으로 두드림	78	도박을 절대 하지 않는다
29	자상한 눈동자	79	반지르르한 흑발	29	썰렁한 개그에도 웃는다	79	동요하면 얼굴이 빨개진다
30	동글동글한 눈동자	80	컬러풀한 머리카락	30	나르시시스트 성향	80	혼잣말을 한다
31	복귀(귓불이 큰 귀)	81	쇼트헤어	31	네이밍 센스가 엉망이다	81	일기를 쓰고 있다
32	뾰족한 느낌의 귀	82	쇼트 보브	32	혼잣말을 한다	82	뜨거운 음식을 잘 못 먹음
33	얇은 콧날	83	스포츠머리	33	반려동물을 매우 아낀다	83	헤어스타일에 정성을 들임
34	작은 코	84	바가지머리	34	손으로 턱을 괴고 앉는다	84	코에 피어스를 하고 있다
35	큰 코	85	보브컷	35	몸에 걸치는 것이 모두 검다	85	콧구멍을 벌름거리며 화냄
36	개성이 약한 얼굴	86	울프컷	36	안경을 쓰고 있다	86	코끝을 긁는다
37	윤곽이 뚜렷한 얼굴	87	올백머리	37	메모를 빼먹지 않는다	87	콧김이 세다
38	말상	88	세미롱	38	읽은 페이지를 접는다	88	음치
39	물고기상	89	롱헤어	39	자주 코피가 나온다	89	다리를 떤다
40	원숭이상	90	포니테일	40	엉엉 운다	90	지기 싫어한다
41	태닝한 피부	91	컬 헤어	41	이름을 성의 없이 짓는다	91	옷을 직접 수선한다
42	흰 피부	92	땋은 머리	42	의복은 고급 브랜드	92	복장에는 무관심
43	창백한 피부	93	경단머리	43	자주 한눈에 반한다	93	한쪽 눈썹만 치켜올린다
44	건조한 피부	94	아프로 헤어	44	곧잘 미신에 의지한다	94	부둥켜 안아서 애정 표현
45	부드러운 피부	95	곱슬머리	45	몸을 웅크리고 잔다	95	뺨을 부풀리며 화낸다
46	반들반들한 피부	96	메슈 헤어	46	소리없이 웃는다	96	머리카락을 만지는 버릇
47	주근깨	97	푸딩 머리	47	눈빛이 예리하다	97	눈을 뜬 채로 잔다
48	특징적인 점	98	더벅머리	48	기쁠 때 폴짝 폴짝 뛴다	98	무책임한 구경꾼 근성
49	흉터	99	산발	49	밀리터리 마니아	99	연심을 품은 상황에 도취
50	화상 자국	100	삭발	50	입을 벌리고 잔다	100	좀비 영화를 좋아한다

발화

불을 다루는 초능력자입니다.
가장 전투력이 높습니다.

광원	착화	불덩이	불꽃
빛의 출처입니다. 【어둠】【옅은 어둠】을 밝힙니다.	불을 붙입니다.	이 상태가 되면, 순서가 끝날 때 1 대미지를 받습니다.	라운드가 끝날 때, 그 칸에 있으면 【상처】를 받습니다.

스트레스	AP	초능력 효과	대가	설명
한계 5	전부	사거리 0~2에 있는, 자신을 제외한 모든 개체에게 【사격】 공격(60%)을 2회씩 합니다. 성공할 때마다 대미지를 주고, 【불덩이】로 만듭니다. 또, 사거리 내의 바닥이 있는 칸을 【불꽃】으로 만듭니다.	【상처】 스트레스↑	힘이 폭주하여 주위를 모조리 불태웁니다.
불안 3~4	1	사거리 0~4에 있는 1체에게 【사격】 공격(70%)을 합니다. 성공하면 대미지와 더불어 대상을 【불덩이】로 만듭니다.	스트레스↑	불화살을 쏴서 상대를 태웁니다
안정 0~2	0	그 날만 일시적으로 자신으로부터 주위 2칸까지의 【암흑】【옅은 암흑】을 밝히는 불덩어리로 【광원】을 만듭니다. 또, 그 차례 동안 "돌"에 【점화】를 부여해서 공격에 +10%를 받습니다.	없음	조명으로 삼을 불덩어리를 주위에 띄우거나, 돌을 달굽니다.

전기

벼락을 다루는 초능력자입니다.
물속에도 효과를 미칩니다.

사격	감전	소음	기계
화살이나 탄환을 쏘는 공격. 소지하고 있는 화살이나 탄환을 소비합니다.	이 상태가 될 시, 최대 AP -1, 회피 및 판정 -20%, 다음 순서 종료까지 지속.	큰 소리를 냅니다. 상대가 눈치채서 주의를 끌 수 있습니다.	동력으로 움직이는 물품. 〈전력〉으로 충전해야 합니다.

스트레스	AP	초능력 효과	대가	설명
한계 5	전부	【소음】과 함께 사거리 0~2에 있는, 자신을 제외한 모든 개체에게 【사격】 공격(60%)을 2회씩 합니다. 성공할 때마다 대미지를 주고, 【감전】으로 만듭니다. 사거리 내의 설비나 【기계】는 파괴되며, 담수가 아니라면 물속에도 공격을 할 수 있습니다.	【상처】 스트레스↑	힘이 폭주하여 체내에서 방전을 일으켜 주위를 덮칩니다.
불안 3~4	1	【소음】과 함께 사거리 0~4에 있는 1체에 【사격】 공격(70%)을 합니다. 성공하면 대미지와 더불어 【감전】으로 만듭니다.	스트레스↑	벼락을 날려 상대를 감전시킵니다.
안정 0~2	0	그 날만 일시적으로 〈전력〉 ∞을 만들어냅니다. 또, 그 차례 동안의 【백병】 공격시, 공격 대상에게 【감전】을 추가합니다.	없음	체내에 전기를 띄어 전압이나 전류를 조종합니다.

물을 조종하는 초능력자입니다.
물속에도 효과를 미칩니다.

백병	넘어짐
근접전 공격. 좀비가 물 수 있는 거리입니다.	이 상태가 될 시, 최대 AP-1, 회피 -20%. 자세 변경으로 해제 가능.

스트레스	AP	초능력 효과	대가	설명
한계 5	전부	사거리 0~2에 있는, 자신을 제외한 모든 개체에게 【백병】 공격(70%)을 2회씩 합니다. 성공할 때마다 대미지를 주고, 【넘어짐】으로 만듭니다.	【상처】 스트레스↑	힘이 폭주하여 대량의 물로 해일을 일으킵니다.
불안 3~4	1	사거리 0~4에 있는 1체에 【폭발】 공격(50%)을 합니다(대상이 액체나 음료가 든 물품이라면 자동 성공). 성공하면 대미지와 더불어 그 칸에 있는 모든 개체에게 소규모 수증기 폭발로 추가 공격(30%)을 합니다.	스트레스↑	상대에게 포함된 수분을 기화시켜 팽창에 의한 폭발을 일으킵니다.
안정 0~2	0	그 날만 일시적으로 〈식수〉 ∞를 만들어냅니다. 또, 그 차례 동안에만 「소화기」(ZLp.18)에 상당하는 공격을 할 수 있습니다.	없음	공기 중의 수분에서 식수나 물대포를 만듭니다.

자연 치유력을 조종하는 초능력자입니다.
좀비에게 사용하면 붕괴를 가속화합니다.

상처	상태나쁨
이 상태가 될 시, 판정 및 공격 -10%, 3회 중첩될 경우 빈사	판정 및 공격에 -20%를 받는다.

스트레스	AP	초능력 효과	대가	설명
한계 5	전부	사거리 0~2에 있는, 자신을 제외한 【생물】과 【좀비】는 90%의 확률로 자멸합니다. 자멸한 【생물】과 【좀비】는 대미지를 받습니다. 또, 【좀비】에 대한 대미지는 2배가 됩니다.	【상처】 스트레스↑	힘이 폭주하여 주위의 자연 치유력이 지나치게 높아진 나머지 자멸합니다.
불안 3~4	1	사거리 0~1에 있는 1체를 대상으로 합니다. 【생물】이라면 【전투불능】【감전】【상처】【상태나쁨】을 모두 회복합니다. 또, 대상은 긴장감이 0이 됩니다. 【좀비】라면 반드시 대미지를 줍니다.	스트레스↑	특정 대상의 자연 치유력을 급속도로 높여 치유합니다.
안정 0~2	0	자신과 같은 칸에 있는 【생물】의 【상처】와 【상태나쁨】을 회복합니다. 【좀비】라면 자신의 다음 차례까지 【상태나쁨】을 줍니다.	없음	주위에 있는 생물의 자연 치유력을 높입니다.

p.12

백병	투척	방사
근접전 공격. 좀비가 물 수 있는 거리입니다.	무기를 던지는 공격. 무기는 던진 곳에 떨어집니다.	칸 하나를 대상으로 하며 캐릭터나 설비, 함정류를 모두 포함합니다.

몸을 변화시키는 초능력자입니다.
변칙적인 전법을 취합니다.

스트레스	AP	초능력 효과	대가	설명
한계 5	전부	사거리 0~2 이내의, 자신을 제외한 칸 전체에 【백병】 공격(40%)을 3회 합니다. 성공할 때마다 대미지를 줍니다.	【상처】 스트레스↑	힘이 폭주하여 전신에서 창이 돋아나 주위를 꿰뚫습니다.
불안 3~4	1	다음 차례가 올 때까지 자신이 받는 대미지를 2회까지 무효로 합니다. 여러 번 사용했을 때는 무효로 하는 횟수를 그만큼 곱합니다.	스트레스↑	공격에 맞춰 몸을 액체화 또는 경질화합니다.
안정 0~2	0	그 차례 동안 【백병】【투척】【방사】에 의한 공격의 사거리에 +1을 합니다. 본래의 사거리와 가장 가까운 칸에 공격을 할 수 없다는 것에 주의하시기 바랍니다. (예: 사거리가 0~3→1~4로)	없음	팔이나 몸을 늘립니다.

비행
낙하하지 않고 인접한 상하좌우의 칸으로 이동할 수 있습니다.

보이지 않는 손을 조종하는 초능력자입니다.
물속에도 효과를 미칩니다.

스트레스	AP	초능력 효과	대가	설명
한계 5	전부	사거리 0~2에 있는, 자신을 제외한 모든 개체에 【백병】 공격(80%)을 합니다. 성공하면 대미지를 주고 【넘어짐】으로 만들며, 자신으로부터 멀어지도록(자신과 같은 칸의 대상은 위로) 1칸 강제 이동을 시킵니다. 벽 등의 구조물로 이동할 수 없는 대상은 충돌로 인해 추가 공격(30%)이 발생하며, 이것이 성공하면 대상과 구조물 양쪽 모두에 대미지를 줍니다. 또, 바닥이 없는 칸으로 이동한 대상은 "낙하"가 발생합니다.	【상처】 스트레스↑	힘이 폭주하여 주위를 밀어내는 염동 필드가 발생합니다.
불안 3~4	1	사거리 0~4에 있는 1체에게 【백병】 공격(70%)을 합니다. 성공하면 대미지와 더불어 대상을 【넘어짐】으로 만듭니다.	스트레스↑	보이지 않는 손으로 멀리 있는 대상의 허를 찌른다.
안정 0~2	0	다음 차례가 끝날 때까지 【비행】이 됩니다. 상하좌우로 이동할 수 있고, 바닥이 없는 칸에 있어도 "낙하"하지 않습니다. 【비행】할 수 없게 되면 즉시 "낙하"합니다.	없음	보이지 않는 손으로 발판을 만들어 공중에 떠오릅니다.

속박
이 상태가 될 시, 최대 AP -1, 회피 -20%. 이동불능

공간을 조작하는 초능력자입니다.
땅속이나 토대 칸은 목적지로 선택할 수 없습니다.

스트레스	AP	초능력 효과	대가	설명
한계 5	전부	사거리 0~2에 있는, 자신을 제외한 【생물】【좀비】【함정】【설비】【탈것】을 대상으로 합니다. 대상이 되는 수×10(최대 90%)를 융합%로 봅니다. 대상은 융합%의 확률로 빈사가 됩니다. 그 확률을 벗어나면 아무 일도 일어나지 않습니다.	【상처】 스트레스↑	힘이 폭주하여 여러 개체를 억지로 같은 공간에 전이하여 융합시킵니다.
불안 3~4	1	사거리 0~2에 있는, 300kg 이하의 1체를 대상으로 합니다. 대상을 2회 이동시킵니다. 이때, 바닥이나 벽, 천장 같은 구조물 등을 무시하고 상하좌우로 이동할 수 있습니다. 또, 대상의 【속박】을 해제합니다. 목적지로 바닥이 없는 칸을 지정하면 "낙하"가 발생합니다. 이때의 "낙하"에만 아래의 추가 효과가 있습니다. 낙하한 곳에 캐릭터가 있는 경우, 대상과 충돌시킬 수 있습니다. 충돌시키는 경우, 낙하한 곳의 캐릭터 1체에게 【백병】 공격(30%)을 합니다. 성공이 성공하면 대상과 낙하 지점의 캐릭터 양쪽 모두에게 대미지를 줍니다.	스트레스↑	이동시킬 뿐만 아니라, 물건을 떨어뜨려 공격하는 식으로 응용할 수 있습니다.
안정 0~2	0	이 차례 동안 「이동(1AP)」를 할 때, 바닥이나 벽, 천장 같은 구조물 등을 무시하고 상하좌우로 자신을 움직입니다. 또, 자신의 【속박】을 해제하고, 차례가 끝날 때까지 바닥이 없는 칸에 있어도 "낙하"하지 않습니다.	없음	자신의 몸을 순간이동시킵니다.

낙하 (탈것의 낙하는 p.12)

이동한 칸에 바닥이 없는 경우, 낙하합니다. 바닥이 있는 칸까지 떨어져서 이동합니다.
- 낙하한 칸의 숫자만큼 《운동》 판정 횟수가 늘어나며, 이 판정에서 실패한 횟수만큼 【상처】와 스트레스↑를 받습니다.
- 단단한 지면:운동/어려움(50%), 흙 지면: 운동/보통(70%), 쿠션 위: 운동/쉬움(90%)
- 성공 실패에 무관하게 낙하하고 나면 남은 AP를 모두 소비하게 됩니다.

추가 데이터

《연사》
획득했다면,
【총기】AP가 -1
됩니다(최저 1).

병기

탈것이나 포대, 총받침으로 고정한 무장입니다.
【병기】를 소지하려면 【탈것】이 필요합니다.

【병기】는 고정 병기/포대, 【차량】 등에 탑재해야
비로소 공격할 수 있습니다.

무기	AP	사거리	공격	태그	고유효과	설명
기관총	2	1~9	60%	【사격】【총기】 【병기】【소음】	탄(라이플)을 소비합니다. 같은 대상을 3회 공격합니다. 장탄수 1발로, 자동으로 장전됩니다.	전차나 군용차 등에 탑재하는 기관총으로, 라이플탄을 씁니다. 개틀링건도 여기에 포함됩니다.
기관포	2	1~20	60%	【사격】【총기】 【병기】【소음】 【지원사격】	기관포탄을 소비합니다. 같은 대상을 3회 공격합니다. 물품이나 탈것, 구조물도 파괴할 수 있습니다. 장탄수 1발로, 자동으로 장전됩니다.	개틀링포처럼 항공기에 탑재하는 20mm 구경 이상의 포탄을 연사하는 기관총입니다.
대포	2	2~30	80%	【사격】【병기】 【소음】 【지원사격】	철갑탄 또는 HEAT탄을 소비합니다. 포탄에 따라 추가 효과가 달라집니다. "철갑탄" 대미지가 1D10(1~10)배가 되며, 물품, 탈것, 구조물도 파괴할 수 있습니다. "HEAT탄" 물품이나 탈것, 구조물도 파괴할 수 있는 포탄으로 공격을 한 후, 공격 대상이 있던 칸을 대상으로 【폭발】에 의한 추가 공격(50%)을 합니다. 또한, 주변 1칸 이내에 폭발의 파편에 의해 추가 공격(30%)을 가하며, 그 후 폭풍으로 반드시 【넘어짐】으로 만듭니다.	전차에 탑재한 대구경 활공포입니다.
와이어 앵커	1	0~1	60%	【백병】【병기】 【피해없음】	대미지를 주는 대신 【넘어짐】으로 만듭니다. 또, 등반과 현수하강을 1AP로 할 수 있습니다.	AES의 팔에서 사출되는 하켄으로, 벽을 오르내릴 수 있다. 밸런스를 무너뜨리는 공격도 할 수 있다.
파일벙커	2	0	70%	【백병】【병기】 【소음】	전투 중에는 1회만 사용 가능합니다. 맞으면 대미지가 2배입니다.	무반동식 착암기로, 한 번 사용하면 시간을 들여 냉각시켜야 한다.

사격	총기	병기	소음	지원사격	폭발	백병	피해없음
화살이나 탄환을 쏘는 공격. 소지하고 있는 화살이나 탄환을 소비합니다.	장전한 탄으로 공격하는 무기입니다. 장전에는 1AP 필요.	【탈것】 등에 탑재하면 공격할 수 있는 무기입니다.	큰 소리를 냅니다. 상대가 눈치채서 주의를 끌 수 있습니다.	외부에서【실외】에 있는 대상에게 성공률 절반으로 공격할 수 있습니다.	칸 하나를 대상으로 하며 주변 1칸 이내에 파편 효과와 폭풍.	근접전 공격. 좀비가 물 수 있는 거리입니다.	살상력이 낮고 대미지를 주지 않습니다.

AES 아머드 엑소스켈레톤

차세대 보병 계획의 하나인 강화 장갑
외골격 병기(아머드 엑소스켈레톤)입니다.

실전 배치가 되지 않은 탑승형 전투
로봇의 시작기로, 전장 3m. 동체가
조종석이며, 머리가 조종자의 헬멧을
대신합니다.

메카트로닉스 신기술의 결정체로,
발포금속 소재로 만든 가벼운 장갑판과
마스터 슬레이브 방식의 제어 기술을 통해
경이로울 정도로 민첩하게 움직입니다.

탈것

탈것으로 「부딪히기」를 할 때, 사고가 일어나는지 운전/어려움(50%)을 해서 실패하면 내구 -1

병기를 탑재한 【탈것】도 있습니다. 「자세의 변경(1AP)」으로 역할을 교대할 수 있습니다.

탈것	내구	정원	탈출	중량	공격	태그	고유효과	
포클레인	2	1명	+10%	3000kg (3t)	70%	【탈것】【땅고르기】	거점 개축 시, 원래 있는 구조물을 해체(p.14)하거나, 경사 및 토대에 대해 땅고르기(p.14)를 할 수 있습니다.	팔 끝에 거대한 삽이 달린 토목 작업 기계입니다.
수송 장갑차 (WAPC)	5	10명	+20%	10000kg (10t)	80%	【탈것】【가속】【엄폐물】	정원 수까지 "라이프라인 보너스"로 얻을 수 있는 생활 리소스가 2배가 됩니다. 동승자 한 명은 차 외부로 몸을 내밀어 "기관총"으로 공격할 수 있습니다.	병사를 수송하는 팔륜 장갑차입니다. 윗부분에 기관총(p.10)을 탑재하고 있습니다.
정찰 경계차 (RCV)	5	5명	+20%	15000kg (15t)	80%	【탈것】【가속】【엄폐물】	정원 수까지 "라이프라인 보너스"로 얻을 수 있는 생활 리소스가 2배가 됩니다. 동승자 한 명은 포수가 되며, "기관포"나 "기관총"으로 공격할 수 있습니다.	포탑이 있는 장갑차입니다. 포탑의 기관포와 공축 기관총(p.10)을 다루는 포수, 차장, 조종수와 그 외의 2명으로 움직입니다.
주력 전차 (MBT)	10	3명	+20%	45000kg (45t)	90%	【탈것】【가속】【엄폐물】	동승자 한 명은 포수가 되며, "대포"나 "기관총"으로 공격할 수 있습니다. 동승자 한 명은 차장이 되며, 차 외부로 몸을 내밀어 "기관총"으로 공격할 수 있습니다.	최신형 전차입니다. 포탑의 대포(p.10)와 공축 기관총(p.10)을 다루는 포수, 전차의 지휘와 포탑 상부에 탑재된 기관총(p.10)을 담당하는 차장, 조종수의 3명으로 움직입니다.
범용 헬기 (UH)	4	14명	+50%	10000kg (10t)	80%	【탈것】【가속】【엄폐물】【비행】【소음】	낙하하지 않고 인접한 상하좌우의 칸으로 이동할 수 있습니다. 비행 상태에서 대미지를 받으면 추락할 위험이 발생합니다. 운전/어려움(50%)에 실패하면 헬기가 파괴되고, 탑승자는 낙하 처리됩니다.	수송이나 구조, 정찰 등에 사용하는 다목적 군용 헬기입니다.
아머드 엑소스켈레톤 A E S	2	1명	+10%	500kg	40%	【탈것】【엄폐물】【신체확장】	조종자는 "와이어 앵커", "파일벙커"를 사용할 수 있습니다. 《운전》 판정을 할 때, 《운동》으로도 판정할 수 있습니다. 도보 이동도 가능합니다.	3m 정도의 2족 보행형 탑승로봇 병기입니다. 파일벙커(p.10), 와이어 앵커(p.10)를 탑재한 시작기입니다.

물품

도움이 되는 도구의 일람입니다. α감정 조작약은 초능력자에게만 의미가 있습니다.

함정 등은 「줍기(0AP)」로 회수합니다.

도구	태그	내용	설명	입수
α감정 조작약	【의약품】【소비】【교환】	그 시간대 동안 현재의 스트레스치와 관계없이 한계•불안•안정 상태 중 하나를 선택합니다.	초능력 실험 때 감정을 조작해서 특정한 효과를 끌어내는 약입니다. 그냥 알파라고 부르기도 합니다. 약간의 의존성이 있습니다.	-
트랩 툴	【설치】【기계】	【함정】을 하나 소지할 수 있습니다. 「함정 설치(3AP)」 관리/쉬움(90%)에 성공하면 소지한 함정을 같은 칸에 설치할 수 있습니다.	제작한 함정을 휴대하다가 빠른 시간에 설치하는 기계입니다.	-
휴대형 연료캔	【연료】【소비】	전기톱이나 화염방사기에 보충할 수 있습니다. 또는, 「연료 뿌리기(3AP)」로 자신이 있는 칸, 그리고 그 칸에 있는 자신 이외의 대상에게 연료【연료】물품으로 취급)를 뿌립니다.	가솔린 등의 연료가 들어 있는 휴대형 캔으로, 매우 쉽게 불이 붙는 위험물입니다.	-
양각대	【설치】	「병기 설치(3AP)」 관리/쉬움(90%)에 성공하면 기관총 또는 파일벙커를 양각대에 탑재(공격 가능한 상태)해서 같은 칸에 설치할 수 있습니다.	기관총 등을 나르거나 지면에 설치하는 고정 기구입니다.	-
기관포탄	【탄약】	기관포에 사용하는 20mm 구경 이상의 포탄입니다.	탄띠로 연결해서 연사할 수 있는 맥주병 사이즈의 포탄입니다.	-
철갑탄	【탄약】	대포로 사용하여 아래의 추가 효과를 얻습니다. 대미지가 1D10(1~10)배가 되며, 물품, 탈것, 구조물도 파괴할 수 있습니다.	운동 에너지를 통해 관통력을 높인 포탄입니다. 폭발하지는 않습니다.	-
HEAT탄	【탄약】	대포로 사용하여 아래의 추가 효과를 얻습니다. 물품이나 탈것, 구조물도 파괴할 수 있는 포탄으로 공격을 한 후, 공격 대상이 있던 칸을 대상으로 【폭발】에 의한 추가 공격(50%)을 합니다. 또한, 주변 1칸 이내에 폭발의 파편에 의해 추가 공격(30%)을 가하며, 그 후 폭풍으로 반드시 【넘어짐】으로 만듭니다.	화학 에너지에 의한 파괴를 목적으로 만든 포탄(성형 작약탄)입니다. 화학 반응으로 폭발합니다.	-

---

가속
같은 순서에 2번째 이후 이동은 2칸을 갑니다.

엄폐물
탈 것이 파괴될 때까지 차량 내부를 공격할 수 없습니다.

비행
낙하하지 않고 인접한 상하좌우의 칸으로 이동할 수 있습니다.

신체확장
《운전》을 《운동》으로도 판정할 수 있고, 도보 이동도 가능.

설치
「설치(3AP)」 관리/쉬움(90%)에 성공하면 칸에 설치.

연료
불이나 불씨로 인화하여, 소지자는 【불덩이】, 놓인 칸은 【불꽃】.

차량 전투 요약

조종자와 동승자

전투 중에 탈것에 타거나 내리려면 탈것이 있는 칸에서 「자세의 변경(1AP)」을 합니다.

운전석에 올라탄 사람이 조종자가 되고, 나머지는 동승자가 되어 정원 수까지 비어 있는 좌석에 탑니다.

정원을 초과하면 차 외부나 짐칸에 탄 동승자가 됩니다. 차 외부에 있는 사람은 【엄폐물】의 효과를 받지 못하고, 탈출 보너스가 반감됩니다.

탈것을 사용한 이동

조종자만이 「이동」과 「부딪히기」를 할 수 있고, 「이동」으로 탈것(동승자 포함)이 통째로 이동합니다.
- 【가속】하는 탈것인 경우, 같은 차례에 연속으로 이동하면 2칸 갈 수 있습니다. 【가속】하지 않고 1칸 이동을 할 수도 있습니다.
- 【실내】로 이동할 수 있는지는 GM이 판단합니다.
- 탈것으로 등반을 할 수는 없습니다.
- 계단을 오르내리려면 사고가 일어나지 않는지 확인하기 위해 운전/어려움(50%) 판정을 해야 합니다.
- 1라운드 동안 탈것을 이동시킬 수 있는 조종자는 1명뿐입니다 (교대해가며 이동하는 것은 불가능).

탈것에 대한 대미지

탈것은 사고나 【백병】【탈것】【폭발】 등에 의한 대미지를 받을 때마다 내구를 감소합니다.

또, 【엄폐물】이 있으면 차내로 공격을 통과시키지 않고, 탈것이 대미지를 받는 것에 그칩니다.

【탈것】에 의한 공격

공격 - 회피±α = 성공률

플레이어가 D100을 굴린다
성공률≥나온 값 = 공격이 성공하여 대미지로
성공률〈나온 값 = 공격이 실패하여 운전 판정으로

긴장감의 증가로 ±10%
주사위 값이 나온 다음, 공격측과 회피측은 긴장감을 1 올리는 것으로 성공률을 ±10%할 수 있습니다.
긴장감은 현재 스트레스치까지 중복 사용할 수 있습니다.

크리티컬과 펌블
1~5가 나오면 크리티컬
96~100이 나오면 펌블

대미지
대미지를 받으면 【전투불능】이 됩니다.
물품•탈것•구조물에 대한 대미지
내구를 1 감소하며, 내구가 0이 되면 파괴됩니다.
【피해없음】의 효과
【피해없음】은 대미지가 없는 대신 무언가의
【상태 태그】를 부여합니다.

운전/어려움(50%)으로 판정
《운전》을 소지하고 있다면 2회 굴립니다.
성공률≥나온 값 = 아무 일도 일어나지 않습니다
성공률〈나온 값 = 사고를 일으켜 내구-1
주사위 값이 나온 다음, 긴장감을 사용할 수 있습니다.

공격 종료

탈것의 낙하 (낙하는 p.9)

탈것으로 이동한 칸에 바닥이 없는 경우, 낙하합니다. 바닥이 있는 칸까지 떨어져서 이동합니다.
- 낙하한 칸의 숫자만큼 운전/어려움(50%)의 판정 횟수가 늘어나며, 이 판정에서 실패한 횟수만큼 내구를 감소합니다.
- 성공 실패에 무관하게 낙하하고 나면 남은 AP를 모두 소비하게 됩니다.

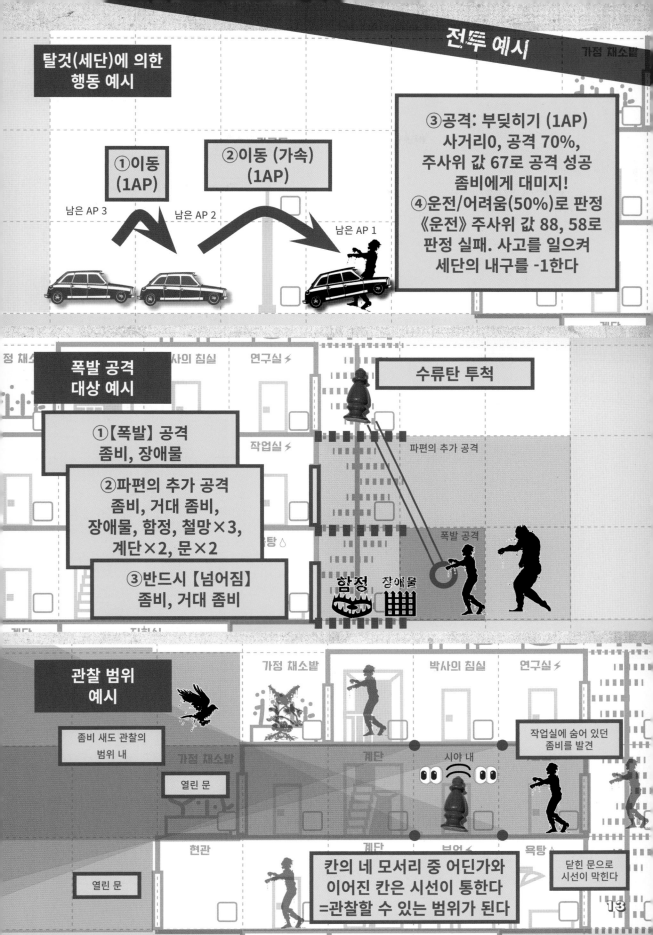

가정 채소밭

탈것(세단)에 의한 행동 예시

①이동
(1AP)

②이동 (가속)
(1AP)

남은 AP 3

남은 AP 2

남은 AP 1

③공격: 부딪히기 (1AP)
사거리0, 공격 70%,
주사위 값 67로 공격 성공
좀비에게 대미지!
④운전/어려움(50%)로 판정
《운전》주사위 값 88, 58로
판정 실패. 사고를 일으켜
세단의 내구를 -1한다

폭발 공격 대상 예시

정 채소밭

박사의 침실

연구실 ⚡

연구실 ⚡

작업실 ⚡

수류탄 투척

①【폭발】공격
좀비, 장애물

②파편의 추가 공격
좀비, 거대 좀비,
장애물, 함정, 철망×3,
계단×2, 문×2

③반드시【넘어짐】
좀비, 거대 좀비

파편의 추가 공격

폭발 공격

함정 장애물

관찰 범위 예시

가정 채소밭

박사의 침실

연구실 ⚡

좀비 새도 관찰의 범위 내

열린 문

가정 채소밭

계단

시야 내

작업실에 숨어 있던 좀비를 발견

현관

계단

거실

욕탕

닫힌 문으로 시선이 막힌다

열린 문

칸의 네 모서리 중 어딘가와
이어진 칸은 시선이 통한다
=관찰할 수 있는 범위가 된다

13

파괴된 구조물

파괴된 구조물은 X 표시를 합니다. 파괴된 구조물은 통행할 수 있으며, 사선이 통합니다. 또, 새로운 구조물을 설치할 수 있습니다.

해체 작업 (「함정류와 무기의 제작」의 차례를 소비)

거점 개축 시의 「함정류와 무기의 제작」의 차례를 소비해서 개축한 구조물이나 설비, 함정 등을 해체할 수 있습니다. 해체한 것은 거점에서 철거되어 없어집니다. 해체에는 판정이 필요 없습니다.

또, 토대나 경사, 원래 있는 구조물을 해체하려면 【폭발】 물품을 소비하거나, 포클레인이 있어야 합니다.

그리고 해제한 숫자만큼 「잡동사니 (ZLp.20)」를 입수합니다.

땅고르기 (「함정류와 무기의 제작」의 차례를 소비)

포클레인이 있다면 거점 개축 시에 「함정류와 무기의 제작」을 할 때, 차례를 소비하여 토대나 경사를 제거할 수 있습니다.

또, 제거한 토대나 경사는 다른 칸으로 옮길 수도 있습니다. 토대를 경사로 바꿔서 다른 장소에 경사를 만드는 것도 가능합니다.

탈것에 병기 탑재 (「함정류와 무기의 제작」의 차례를 소비)

거점 개축 시에 「함정류와 무기의 제작」을 할 때, 차례를 소비해서 100kg 이상의 【탈것】에 미탑재 【병기】 무기를 추가로 차 외부에 탑재합니다. 〈자재〉1을 소비합니다.

하나의 【탈것】에 추가할 수 있는 【병기】 무기는 하나뿐입니다.

차 외부로 몸을 내밀면 【병기】 무기를 사용할 수 있습니다. 【엄폐물】의 효과를 받으려면 「자세 변경(1AP)」으로 차 내부로 들어갑시다.

무기나 탈것의 개조 (「함정류와 무기의 제작」 차례를 소비) `OPTION RULE`

거점 개축 시에 「함정류와 무기의 제작」을 할 때, 차례를 사용해 소지품 중에서 하나 선택하고, 〈자재〉1을 소비합니다.

무기(격투·부딪히기·던지기 제외)나 탈 것 하나에 【개조(+x)】 태그(1D10을 굴려 x에 적용합니다. 공격에 +[x](1~10)%합니다. 중복된 경우는 x 수치가 더 큰 쪽을 덮어씁니다)를 부여합니다.

풍작과 흉작　　　　　　　　　　　　　`OPTION RULE`

가정 채소밭에서 획득할 수 있는 식재료의 수를 5가 아닌 1D10으로 변경합니다.

땅고르기 「함정류와 무기의 제작」의 차례를 사용해서 실행합니다.

포클레인이 있다면 토대를 제거하거나, 깎아내서 다른 칸에 경사를 배치할 수 있습니다.

추가 구조물

책문 (한 변 = 〈자재〉5)　내구 1

「문을 연다」로 통행할 수 있고, 「문을 닫는다」로 통행을 막으며, 어느 쪽이건 사선이 통합니다. 변의 2/3을 빈 칸처럼 그리고, 나머지 변은 점선으로 그립니다.

약한 천장 〈자재3〉　내구 1

모르고 이 위로 침입할 경우, 이 천장은 파괴되고 위에 있던 대상에게 낙하(p.9)가 발생합니다. 변의 1/3을 동그라미로 그립니다. 소위 말하는 허방다리.

붙박이창 〈자재5〉　내구 1

칸 사이를 통행할 수 없고, 시선은 통하지만 공격의 사선은 통하지 않습니다. 변의 1/3을 빈 칸처럼 그리고, 그 안에 선을 두 줄 긋습니다.

감시 카메라 필<자재>2 【실내】【실외】【전력】

상시 효과
거점 내에서 스마트폰을 사용하여 「관찰(1AP)」을 하면, 어딘가 한 군데의 감시 카메라를 기점으로 주위를 관찰할 수 있습니다.

생활 배치
없음

전투 배치
없음

설명
제어실이나 스마트폰과 연결되는 감시 카메라입니다.

슬로프 필<자재>5 【실내】【실외】

상시 효과
위 칸과 상하층을 연결합니다.

생활 배치
없음

전투 배치
슬로프 위로 인접한 칸과 위아래로 왕래할 수 있습니다. 【탈것】도 이동할 수 있습니다.

설명
차량이 상하층을 이동하기 위한 경사로입니다.

제어실 필<자재>10 【실내】【전력】

상시 효과
감시 카메라로 관찰할 수 있는 범위에 함정류 최대 설치수에 포함되지 않는 함정류를 추가로 하나 설치할 수 있습니다. 이 효과는 제어실이 여러 개여도 누적되지 않습니다.

생활 배치
없음

전투 배치
이 칸에서 「관찰(1AP)」을 하면, 감시 카메라 모두로부터 시선이 통하는 칸 또한 관찰할 수 있는 범위에 포함됩니다.

설명
무수한 모니터에 감시 카메라의 영상이 표시됩니다.

고정 병기/포대 필<자재>5 【실내】【실외】

상시 효과
【병기】 무기(탄약 포함)를 하나 배치해둡니다.

생활 배치
【지원사격】을 할 수 있는 【병기】를 탑재합니다. 「탐색」 또는 다른 거점에서 전투가 일어났을 때, 연락을 할 수 있는 상태라면 전투에 참가해서 【실외】에 있는 대상에게 성공률 절반으로 공격을 가할 수 있습니다.

전투 배치
「공격(xAP)」 배치한 【병기】에 따른 공격수단을 취할 수 있습니다.

설명
고정된 받침대에 기관총이나 대포 같은 병기를 탑재합니다.

설비

필요한 조건, 생활 리소스를 소비해서 설비를 만들 수 있습니다.

제어실에는 감시 카메라가 필요하고, 고정 병기/포대에는 【병기】 무기가 필요합니다.

설비 태그명	필요	태그	설명
감시 카메라	<자재>2	【실내】【실외】【전력】	거점 내에서 스마트폰을 사용하여 「관찰(1AP)」을 하면, 어딘가 한 군데의 감시 카메라를 기점으로 주위를 관찰할 수 있습니다. 생활배치: - 전투배치: -
제어실	<자재>10	【실내】【전력】	상시효과: 감시 카메라로 관찰할 수 있는 범위에 함정류 최대 설치수에 포함되지 않는 함정류를 추가로 하나 설치할 수 있습니다. 이 효과는 제어실이 여러 개여도 누적되지 않습니다. 생활배치: - 전투배치: 이 칸에서 「관찰(1AP)」을 하면, 감시 카메라 모두로부터 시선이 통하는 칸 또한 관찰할 수 있는 범위에 포함됩니다.
슬로프	<자재>5	【실내】【실외】	상시효과: 위 칸과 상하층을 연결합니다. 생활배치: - 전투배치: 슬로프 위로 인접한 칸과 위아래로 왕래할 수 있습니다. 【탈것】도 이동할 수 있습니다.
고정 병기/포대	<자재>5	【실내】【실외】	상시효과: 【병기】 무기(탄약 포함)를 하나 배치해둡니다. 생활배치: 【지원사격】을 할 수 있는 【병기】를 탑재합니다. 「탐색」 또는 다른 거점에서 전투가 일어났을 때, 연락을 할 수 있는 상태라면 전투에 참가해서 【실외】에 있는 대상에게 성공률 절반으로 공격을 가할 수 있습니다. 전투배치: 「공격(xAP)」 배치한 【병기】에 따른 공격수단을 취할 수 있습니다.

NG 묘사

그로테스크 NG, 동물 학대 NG 등등 사람들에게는 저마다 꺼리는 묘사가 존재합니다.

그때는 그로테스크한 묘사를 생략하거나, 동물이 결코 피해를 보지 않게 하는 등 각 참가자를 배려해서 세션을 진행합시다!

시나리오를 시작하기 전에 NG 묘사가 될 수 있을 법한 부분을 플레이어에게 물어보는 것도 방법일 것입니다.

거점 외 생활

OPTION RULE

거점 외 생활

거점 생활의 진행을 대체하는 선택 규칙입니다.

거점 생활을 하는 대신, 1일 1회만 행동하는 거점 외 생활을 진행해 봅시다.

보통은 「탐색」「멘탈 케어」「기타 행동」만 할 수 있으며, 거점 등에서 안심하고 휴식을 취할 수 있을 때를 제외하면 교류 롤플레이로 스트레스를 증감하거나 긴장감을 회복할 수 없습니다.

1일의 개시

잠 부족이나 영양 부족, 수분 부족이면 【상태나쁨】이, 전날에 〈식료〉를 먹지 못했다면 【공복】이 됩니다. 이동 중의 상황이나 장소를 묘사합니다.

도중 행동

전투가 일어나지 않았을 때, 아래에서 1행동을 합니다.
「탐색」「멘탈 케어」「기타 행동」
「탐색」 "라이프라인 보너스"를 받습니다.
탈것의 효과로 정해진 숫자의
2배를 획득할 수도 있습니다.
「거점 행동」 전날에 거점에 있었다면 할 수 있습니다.

야영

경계/보통(70%)에서 전원이 실패하면, 주위가 신경 쓰여 전원 스트레스⬆를 받습니다.
〈식료〉〈식수〉를 1인당 각각 1개씩 소비합니다.
거점이라면 「휴식」을 취할 수 있고, 교류를 통해 스트레스를 증감하거나 긴장감을 0으로 만들 수 있습니다.

1일의 종료

거점 외 생활

거점 외 생활을 하는 경우, 어딘가의 거점에 정착하거나 안전권에 도달할 때까지 이동을 하며 생활합니다.

이동에 시간이 걸리므로 거점 생활에 비해 자유롭게 움직일 수 있는 시간이 짧습니다.

거점이 없으므로 〈생활 리소스〉는 모두 유한합니다. 거점은 기본적으로 하루 머무르고 떠납니다.

판정 1회는 1시간대로 취급합니다.

탐색

탐색 이벤트
여러 사람이 탐색해도 한 번의 탐색에 1회만 발생합니다.

탐색 위에 말을 배치합니다.

주변에서 물자 조달이나 정보 수집을 합니다.

"라이프라인 보너스"가 있습니다.

〈식료〉〈자재〉〈전력〉〈식수〉 중 1가지를 선택하여 탐색/보통(70%)을 실시해 ○성공: 생활 리소스 1개/ ×실패: 대응하는 가공필요 물건 1개를 얻습니다.

탐색 이벤트(ZLp.58)는 반드시 발생합니다.

생활 리소스와 가공필요 물건

〈식료〉…식재료계 —
〈전력〉…폐전지
〈자재〉…잡동사니
〈식수〉…오염수

〈식료〉의 가공필요 D100표

1~50	51~80	81~100
신선한 식재료	수상한 식재료	위험한 식재료

멘탈 케어

「탐색」을 하지 않은 사람을 대상으로 합니다.

치료 또는 대화, 예술/보통(70%)에 성공하면 상대의 스트레스를 1 낮춥니다.

예술의 경우, 거점 이외의 장소에서는 자신을 포함하여 「탐색」을 하지 않은 전원을 대상으로 삼습니다.

기타 행동

소지품을 사용하거나, 탈출 계획을 짜거나, 방문한 거점에서 시설을 활용하는 등 시간은 걸리지만 실제로 할 수 있을 만한 일을 합니다. 옷을 갈아 입고 총을 장전하거나 물건을 보충하는 등 시간이 걸리지 않는 행동은 포함되지 않습니다.

거점 행동

거점에서 지낸 다음 날은 거점 행동(ZLp.27)을 할 수 있습니다.

마스터링

새로운 거점 시트 8종

기존의 거점 시트(p.62-69)에 더해 「해변 매점」「형무소」「편의점 건물」「철교」「양옥」「병원」「주유소」「통나무집」을 p.70-77에 추가했습니다.

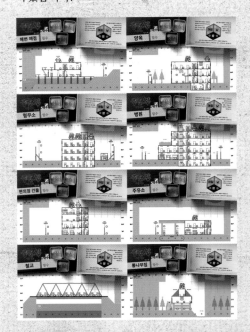

NPC의 기본 데이터

이니셔티브는 0이며, 【여유없음】(스트레스 증가 시 스트레스 증상을 일으킵니다. 긴장감을 쓸 수 없습니다)입니다.

신장과 체중은 기본 165cm, 60kg입니다.

들기(ZLp.53)를 활용하는 경우도 있을 것입니다.

트랩 툴

습격을 주축으로 하는 플레이라면, 《관리》를 가진 PC에게는 "트랩 툴"(p.11)을 소지품으로 가지게 해도 좋습니다.

군인 PC 취급 방법

군인 PC는 전투 시에 일반적인 PC 2인분의 활약을 하므로, 격차가 생기지 않도록 전원 군인 PC로 만들거나, 전투 이외에도 활약할 기회가 있는 핸드아웃과 함께 조합하는 것이 바람직합니다.

추가 BOSS 특징

특징 태그	효과
비만체	체중을 2배로 합니다. 최대 AP -1합니다. 그 대신 체력을 +2합니다. 위협도에 +0.5합니다.
큰 키	높이를 2배로 합니다. 400cm마다 말의 세로 사이즈를 +1칸 높입니다. 위협도에 +0.5합니다.
방패 소유	1AP 소비해서 「방패를 들기」하면 다음 차례까지 자신에 대한 공격의 성공률에 -10%합니다. 위협도에 +0.5합니다.
수중 서식	수중 칸에서 페널티를 받지 않습니다. 위협도에 +1합니다.
의태	행동을 계속 방치하는 한, 주위에 동화해서 「관찰」할 때까지 들키지 않습니다. 위협도에 +1합니다.
동족 포식	체력 2 이상의 좀비 한정입니다. 체력 저하 시에 【좀비】가 근처에 있으면 공격합니다. 공격이 성공하면 대상을 잡아먹어 자신의 체력을 1 회복하고, 다음 차례에만 최대 AP에 +1합니다. 위협도에 +1합니다.
발화체	1AP 소비로 「발화」해서 자신이 있는 칸의, 자신을 포함한 모든 대상을 70% 확률로 【불덩이】로 만듭니다. 위협도에 +1합니다.
기름피부	【총기】【폭발】【점화】【불꽃】 등으로 인화하여 【불덩이】가 됩니다. 또, 【불덩이】로 인한 대미지를 70%로 무효화하면서, 【불덩이】 상태인 채로 통과한 칸을 【불꽃】으로 만듭니다. 위협도에 +2합니다.
초능력	초능력(p8,9)을 1종류(치유 제외) 선택합니다. 안정 상태의 초능력을 사용할 수 있습니다. 위협도에 +2합니다.
무기물	구조물로 취급하며, 【투척】이나 【사격】에 의한 공격의 대미지는 받지 않습니다. 위협도에 +2합니다.

롤플레이에 의한 스트레스나 긴장감의 증감, 모럴 상승

롤플레이를 통해 스트레스나 긴장감을 증감시키거나, 모럴을 상승(모럴 감소는 비추천)시켜도 무방합니다.

무작위 적 편성

위협도별

D100	위협도 5의 좀비 편성
1~4	좀비×3【무리】(ZLp.65), 기어다니는 좀비×4【무리】(ZLp.65)
5~8	좀비×4【무리】(ZLp.65), 좀비 새 (ZLp.70)
9~12	좀비×3【무리】(ZLp.65), 좀비 박쥐 (ZLp.70)
13~16	좀비×3【무리】(ZLp.65), 아이 좀비×2【무리】(ZLp.65)
17~20	좀비×2【무리】(ZLp.65), 지인 좀비×2【무리】(ZLp.65)
21~24	좀비×3【무리】(ZLp.65), 파열 좀비 (ZLp.66)
25~28	좀비(ZLp.65), 대시 좀비×2(ZLp.66)
29~32	좀비 새(ZLp.70), 매달리기 좀비×2(ZLp.66)
33~36	좀비×2【무리】(ZLp.65), 절단 좀비(ZLp.66)
37~40	지인 좀비×2【무리】(ZLp.65), 좀비 경관(ZLp.67)
41~44	좀비 기동대원(ZLp.67), 좀비 박쥐(ZLp.70)
45~48	기어다니는 좀비×2【무리】(ZLp.65), 좀비 야쿠자(ZLp.67)
49~52	좀비 병사(ZLp.67)
53~56	좀비×2【무리】(ZLp.65), 거대 좀비(ZLp.68)
57~60	기어다니는 좀비×2【무리】(ZLp.65), 큰 팔 좀비(ZLp.68)
61~64	전기톱 좀비(ZLp.68)
65~68	좀비 고양이(ZLp.69), 좀비 괴조(ZLp.70)
69~72	좀비 개×2(ZLp.69)
73~76	좀비 호랑이(ZLp.69), 좀비 박쥐(ZLp.70)
77~80	좀비 멧돼지(ZLp.69)
81~84	좀비 고양이(ZLp.69), 좀비 새×3【무리】(ZLp.70)
85~88	기어다니는 좀비×2【무리】(ZLp.65), 좀비 박쥐×2(ZLp.70)
89~92	좀비 상어×(ZLp.70), 좀비 새(ZLp.70)
93~96	지인 좀비×2(ZLp.65), 좀비 패러사이트×2(기생 중)(ZLp.71)
97~100	좀비 맨이터(ZLp.71), 좀비 에그×2(ZLp.71)

새로운 거점 시트 8종

기존의 거점 시트(p.62-69)에 더해 「해변 매점」「형무소」「편의점 건물」「철교」「양옥」「병원」「주유소」「통나무집」을 p.70-77에 추가했습니다.

D10	위협도 10의 좀비 편성
1	좀비×10【무리】(ZLp.65)
2	거대 좀비×2(ZLp.68), 좀비 야쿠자(ZLp.67)
3	좀비 고양이×3【무리】(ZLp.69), 큰 팔 좀비(ZLp.68)
4	매달리기 좀비×2(ZLp.66), 절단 좀비×2(ZLp.66)
5	좀비 기동대원×3(ZLp.67), 좀비 패러사이트(기생 중)(ZLp.71)
6	좀비 멧돼지(겉모습은 거대 좀비 개)(ZLp.69), 좀비 개×2(ZLp.69)
7	좀비 괴조×2【무리】(ZLp.70), 좀비 상어(ZLp.70)
8	전기톱 좀비×2(ZLp.68)
9	좀비×3【무리】(ZLp.65), 아수라 좀비(ZLp.68)
10	마더 좀비(ZLp.71) 「생산」이 이미 2AP 축적된 상태

D10	위협도 10의 좀비 편성	내용
1	불량배×5【무리】(ZLp.72)	단결력이 강한 불량배 그룹.
2	양아치×4【무리】(ZLp.72)	무리를 이룬 양아치들.
3	자경단원×3【무리】(ZLp.73), 자경단원×2(ZLp.73)	사이 좋은 3인조와 별동대 두 명으로 구성된 자경단의 혼성 팀.
4	컬트 신도×3【무리】(ZLp.73), 약물중독자 (ZLp.72)	약물중독자가 된 교조와 그를 맹목적으로 따르는 컬트 신도들.
5	컬트 교조(ZLp.74), 약물중독자×4【무리】(ZLp.72)	약물을 이용해서 시키는 대로 따르게 만드는 컬트 교조와 그 일행.
6	야쿠자×2(ZLp.72), 불량배×2【무리】(ZLp.72)	야쿠자들에게 총으로 협박 당하고 있는 젊은 불량배들.
7	자포자기한경관(ZLp.73), 양아치×2(ZLp.72)	부패한 경관과 그를 통해 이득을 보고자 하는 양아치들. ※위험
8	컬트 호위×2(ZLp.73)	컬트 교조의 명령으로 움직이는 쌍둥이 컬트 호위. ※위험
9	무장상인(ZLp.74), 약물중독자×3【무리】(ZLp.72)	무장상인과 돈으로 고용된 부랑자들. ※위험
10	자위관(ZLp.74), 자경단원(ZLp.73)	베테랑 자위관과 그를 흠모하는 자경단원의 2인조. ※위험

※인간은 형세가 불리하다고 판단하면 이탈합니다. ※위험…【총기】를 소지한 적이 나오므로, PC의 사망률이 높습니다.

19

NPC와의 만남

NPC 제작

PC와 마찬가지로 캐릭터 제작(ZLp.8) 규칙에 따라 세세하게 제작할 수도 있고, ZLp.59를 사용해서 대강 만들 수도 있습니다. p.7의 자유 표를 사용하면 스킬 이외의 부분은 무작위로 제작할 수 있습니다.

PC와 달리 스킬이 꼭 5개 있을 필요는 없습니다.

NPC의 수치 관리가 번거로울 때는 【여유없음】(스트레스 증가 시 스트레스 증상을 일으킵니다. 긴장감을 쓸 수 없습니다)을 선택합시다.

기존 캐릭터의 활용

NPC 예시를 참고해서 새로 제작하는 대신, 룰북에 실려 있는 완성된 NPC, 또는 GM이 과거에 제작한 PC를 가져다 쓸 수도 있습니다.

NPC 조작법

NPC 말을 움직일 때는 효율이 아닌 감정에 따라 행동하여 PC의 반응을 유도합시다.

롤플레이에 따라서는 스트레스가 증감해도 문제없습니다. 차분히 롤플레이를 하고 싶을 때는 임의의 타이밍에 삽입 이벤트를 끼워 넣도록 합시다.

만남

- GM은 탐색 이벤트 대신 이 표를 사용해도 무방합니다.
- 오른쪽 페이지의 NPC 예시에서 하나 선택하거나, 미리 자작해둡시다.
- NPC가 동료가 되는지는 롤플레이에 달려 있습니다.

D100	상황	내용
1-10	흰 옷을 입은 사람에게 쫓기는 인물이 이쪽으로 도움을 청하고 있다.	흰 옷을 입은 사람…컬트 신도는 「방해한다면 용서치 않겠다」라고 말한다. NPC를 돕겠다면 컬트 신도와 간이 전투를 하고, 스트레스↑를 받는다. NPC를 도우면 모럴을 얻는다. NPC는 교단에서 도망쳤다고 말한다.
11-20	건물 잔해에 깔려 있는 사람이 있다. 아무래도 정신을 잃은 것 같다.	잔해을 치우고 NPC를 구하려면 운동/어려움(50%)에 한 명이라도 성공해야 한다. NPC를 구했다면 모럴을 얻는다. NPC는 【상처】를 입고 있으며, 거점에 데리고 돌아가면 의식을 되찾는다.
21-30	탐색하러 들어간 건물에는 누군가가 살고 있는 흔적이 있었다. 안에서 사람이 나왔다.	NPC는 우호의 증표로 〈식료〉×2를 PC에게 넘겨준다. 그리고 지금 있는 건물을 거점으로 삼고 있었으나, 전기가 공급되지 않아 다른 곳으로 옮겨갈 생각이었다고 말한다. NPC에게 PC들의 거점에 오라고 제안하면, 그 제안을 받아들인다.
31-40	탐색을 하던 도중, 마찬가지로 그 장소를 탐색하러 온 집단이 인사를 해왔다.	PC와는 다른 거점에서 생활하는 집단에 속한 NPC다. 그 집단과 우호적인 분위기로 헤어지고 다음 날 아침, 삽입 이벤트로 NPC가 들이닥친다. 갑자기 찾아온 이유는 기존 집단과의 불화 때문이라고 할 수도 있고, PC에게 한눈에 반했다고 해도 좋다.
41-50	돌아오는 도중에 길모퉁이에서 양손에 수갑을 찬 사람과 만났다.	NPC는 「좀비를 처치하는 모습을 목격한 자들이 수갑을 채웠다」라고 주장한다. 수갑이 있는 한 NPC의 판정에 -20%한다. NPC의 수갑을 벗기려면 공작/어려움(50%)에 성공해야 한다.
51-60	소나기가 내리기 시작했다. 누군가가 좀비에게 쫓기며 도움을 청하고 있다.	NPC를 구한다면 좀비×2와 간이 전투를 하고, 스트레스↑를 받는다. NPC를 구했다면 모럴을 얻는다. NPC는 흠뻑 젖은 후드 달린 상의를 벗는다. 여러분의 시선이 NPC의 맨얼굴에 꽂혔다.
61-70	도로에 있는 잔해 더미를 포클레인이 치우고 있는 것 같다.	포클레인을 조작하는 NPC에게 말을 걸면, 탈출 루트를 막고 있는 잔해를 치우고 있다고 알려준다. 확률 엔드: 탈출 +20%을 한다. NPC는 조금 전에 거점을 잃었으며, 포클레인(p.11)에 타고 있다.
71-80	다 무너져가는 건물 안에서 총성이 울린다. 그곳에는 피를 흘리는 사람이 있었다.	건물 안에 들어가면 거대 좀비에게 최후의 일격을 가한 NPC가 서 있다. NPC는 부상을 당했으며, 쉴 수 있는 장소를 찾고 있다. PC가 돕는다면 모럴을 얻는다. NPC는 【상처】를 입었으며, 피스톨(ZLp.18)을 소지하고 있다.
81-90	금이 간 도로에 바퀴가 걸린 휠체어에 타고 있는 사람과 만났다.	휠체어를 들어올려 NPC를 돕는 것은 선언만으로도 가능. NPC를 도왔다면 모럴을 얻는다. NPC는 따로 갈 곳이 없는 몸으로, 버림 받은 모양이다. NPC는 휠체어(ZLp.19)를 타고 있으며, 두 다리가 불편하다.
91-100	세상 물정을 모르는 사람과 만났다. 아무래도 지금까지 감금 생활을 했던 모양이다.	NPC는 지금까지 밖으로 나온 적이 없고, 참극의 밤 이전의 일은 기억나지 않는다고 한다. 굶주린 상태이며, 〈식료〉를 주면 모럴을 얻는다. NPC는 상식이 없으며, 좀비가 있는 세계를 일반적인 세계로 여기고 있다.

NPC 예시 A

- 완전한 아군 NPC입니다. 초기 스트레스는 3~5입니다.
- 기본적으로 PC에게 협력적인 태도를 취합니다.
- 타입: 전력 외는 다른 캐릭터에 비해 전투 시 GM의 부담이 적습니다.

D10	타입 태그	목적	초능력 효과
1	【전력 외】	살아남고 싶다	전투에 참가하지 않고 안쪽에 틀어박힌다.
2	【연애뇌】	연인을 만들고 싶다	마음에 든 상대와 같은 거점 행동을 하거나, 같은 칸에 있고 싶어한다.
3	【무모함】	모두를 지키고 싶다	전투 중에는 되도록 앞에 나서서 【백병】 공격을 최우선으로 실행한다.
4	【찰나적】	즐겁게 살고 싶다	자기희생적으로, 자신의 리스크를 도외시하고 행동한다.
5	【소극적】	직접 결정하기 싫다	누군가가 지시하지 않으면 행동하지 않는다. 지시받은 대로 움직인다.
6	【운반책】	탈출 루트 확보	취득 스킬:《돌파》《탐색》《운전》　　소지품: 미니밴(ZLp.19) 탐색의 라이프라인 보너스를 얻는 대신, 탈출 엔드를 위한 「길 확인」을 할 수 있다. 길 확인: 탐색/보통(70%)을 해서 ○성공: +[1D10]%/ X 실패: +1%한다.
7	【구출자】	구출 대상 확보	취득 스킬:《성량》《탐색》《경계》　　소지품: 단도류(ZLp.16) 탐색의 라이프라인 보너스를 얻는 대신, 구출 엔드를 위한 「추적」을 할 수 있다. 추적: 탐색/보통(70%)을 해서 ○성공: +[1D10]%/ X 실패: +1%한다.
8	【시설직원】	백신 입수	취득 스킬:《관리》《탐색》《대화》 탐색의 라이프라인 보너스를 얻는 대신, 백신 입수 엔드를 위해 「수색」을 할 수 있다. 수색: 탐색/보통(70%)을 해서 ○성공: +[1D10]%/ X 실패: +1%한다.
9	【신약연구】	백신 개발	취득 스킬:《관리》《연구》《치료》 연구실의 거점 행동으로 백신 개발 엔드를 위한 「백신 연구」를 할 수 있다. 백신 연구: 연구/어려움(50%)을 해서 ○성공: +[1D10]%/ X 실패: +1%한다.
10	【특수부대】	마더 좀비 파괴	취득 스킬:《연사》《무술》《운동》 소지품: 피스톨, 수류탄(ZLp.18) 거점 행동으로 마더 좀비 파괴 에드를 위한 「파괴 계획」을 세울 수 있다. 파괴 계획: 전략/어려움(50%)을 해서 ○성공: +[1D10]%/ X 실패: +1%한다.

NPC 예시 B

- 개성이 강한 중립 NPC, 또는 적대적인 NPC입니다.
- 행동 패턴에 따라 행동하므로, 대체로 소동을 일으킵니다.
- 롤플레이에 따라서는 NPC가 개심해서 아군이 되기도 합니다.

D10	타입 태그	목적	내용 (확률 엔드의 거점 행동은 PC도 가능)
1	【잠복기 좀비】	이미 늦었다는 것을 알리고 싶지 않다	【좀비화】하고 있다는 것을 감추고자 하며, 치료를 받기를 꺼린다. 초기 스트레스는 5. 친해지면 좀비가 되어 PC들을 덮치기 전에 스스로 밖으로 나가 행방불명이 된다. 전투 중에 차례가 오면 30% 확률로 지인 좀비(ZLp.65)가 된다.
2	【헤비 스모커】	담배를 피고 싶어 견딜 수가 없다	"담배"를 가지고 있는 동안은 협력적이 된다. 초기 스트레스는 5. 담배가 없는 경우, 판정에 실패하면 스트레스↑를 받는다. 라이프라인 보너스에 의한 판정은 담배를 찾는 것에 소비한다. 5%의 확률로 담배를 발견한다.
3	【주정뱅이】	술을 마시고 싶어서 견딜 수가 없다	"고급 술"을 가지고 있는 동안은 협력적이 된다. 초기 스트레스는 5. 고급 술이 없는 경우, 판정에 실패하면 스트레스↑를 받는다. 라이프라인 보너스에 의한 판정은 술을 찾는 것에 소비한다. 5%의 확률로 고급 술을 발견한다.
4	【초능력자】	특별 취급을 받고 싶지 않다	취득 스킬:《참기》초능력(p.8,9)을 한 종류 가지고 있다. 초기 스트레스는 3. 초능력은 친해졌을 때, 또는 스트레스 증상으로 공격했을 때 발각된다.
5	【한 마리 늑대】	되도록 혼자 살고 싶다	단독 행동 또는 아무도 하지 않은 거점 행동을 하고 싶어한다. 빚을 지는 것을 꺼린다. 초기 스트레스는 3. 전투 중에는 방어가 취약한 쪽을 커버하러 간다.
6	【무능한 대장】	아무튼 리더가 되고 싶다	비효율적인 지시를 내린다. 초기 스트레스는 5. 대화가 특정한 방향으로 유도되어도 알아차리 지 못하고, 간단히 속는다. PC가 지시에 따르지 않으면 스트레스↑를 받는다. 전투 중에는 「주목을 모으다」를 하며, 다른 PC에게는 싸우라고 지시를 내린다.
7	【트릭스터】	내분이 일어나는 광경을 보고 싶어한다	누군가와 단둘이 되고 싶어한다. 초기 스트레스는 3. 다른 PC와 단둘이 되었을 경우, 「다른 PC가 네 험담을 했다」고 말하여 갈등을 유발하려 한다.
8	【교조】	전원을 신도로 삼아 교단 엔드를 맞이하고 싶어한다	평소에는 PC에게 협력적이며, 지시에도 따른다. 초기 스트레스는 0. 스트레스 5인 PC가 있을 때는 멘탈 케어를 하러 가며, 그와 더불어 포교(ZLp.36)를 한다. 신도가 있는 경우, 전투 중에는 특정한 행동을 하도록 명령(명령에 따르면 +10%)한다.
9	【스토커】	집착	PC 한 명에게 집착하며, 함께 행동하고 싶어한다. 초기 스트레스는 4. 집착 대상인 PC가 다른 PC나 NPC와 친해지면 스트레스↑를 받는다. 전투 중에는 집착 대상인 PC를 돕는 것을 최우선으로 생각하고 행동한다.
10	【연쇄 살인마】	한 명씩 죽이려고 한다	가능한 한 집착 대상인 PC와 함께 행동하고 싶어한다. 초기 스트레스는 2. 탐색 시에 집착 대상인 PC와 단둘이 되었을 때, 집착 대상인 PC를 대상으로 간이 전투를 한다. 최초의 일격은 봐주는 공격. 집착 대상인 PC를 죽이면 다음 목표로 넘어간다.

지도

거점의 주변 지도를 준비해두면 주변을 탐색하는 시나리오도 제작할 수 있습니다. 지도상의 거점에서 5km의 범위를 원으로 감쌉시다.

탐색 이벤트로 발견한 장소나 단서를 얻은 장소에 습격 포인트나 조사 포인트를 배치합니다.

말을 지도상의 포인트가 있는 장소에 배치하면 이벤트가 발생합니다.

습격 포인트

습격 포인트에서는 거점을 사용한 전투가 발생합니다. PC 전원이 도전하라고 말해줍시다.

【탈것】을 사용한 이동의 판정

《운전》 판정으로 도중에 사고가 일어나지 않는지 확인할 때, 난이도는 아래와 같습니다.

- 운전/쉬움(90%) 아침이거나, 도로의 상태가 좋습니다.
- 운전/보통(70%) 낮이거나, 도로의 상태가 나쁩니다.
- 운전/어려움(50%) 밤이거나, 험로를 지나갑니다.

실패하면 탈것의 내구를 -1합니다.

지도 (p.22)   OPTION RULE

준비한 지도를 참조하여 주변을 조사할 수 있습니다.

발견한 장소, 단서를 얻은 장소 등에 습격 포인트나 조사 포인트를 배치합니다.

지도상의 장소나 포인트에 말을 배치하면 그 장소에 갈 수 있습니다.

탈것을 타고 가는 경우는 사고를 내지 않았는지 운전 판정을 합니다.

이동 시간

거점에서 떨어진 지점으로 조사를 하러 가는 경우, 거점에서 편도 5km 이내에 있다면 여분의 이동 시간은 들지 않습니다.

5km보다 멀다면, 돌아오느라 1시간대만큼의 시간이 더 필요합니다. 【가속】할 수 있는 탈것이 있다면 정원 오버라도 여분의 시간이 들지 않습니다.

현실의 지도를 활용한다

Google 맵을 이용하면 현실의 지도를 사용해서 게임을 할 수도 있습니다. 상업적인 이용이 아니라면 「배포 수가 5,000부 이내이거나, 콘텐츠를 가이드북으로 사용하지 않는 한, 여러 장의 화상을 사용하는 것은 문제 없습니다(https://www.google.com/intl/ja/permissions/geoguidelines/)」라고 명시되어 있습니다(확인 일자 2022/10/11).

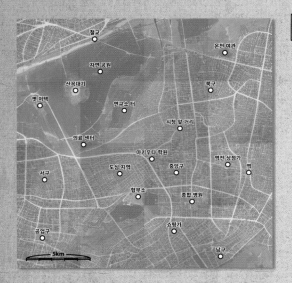

마키우타 시

마키우타 시는 도쿄 근교에 있습니다.

마키우타 시는 거대 기업인 므두셀라 사의 기업 유치에 성공하여, 므두셀라 사와 관련된 각종 자회사가 설립되었습니다. 중앙구에 해당하는 도심 지역과 상점가는 마키우타 시 내에서도 최근에 생긴 구역입니다.

원래는 전원 지대로, 산에서는 목장 경영이 성행하여 마키우타 시라는 이름이 붙었습니다. 하지만 지금은 므두셀라 사가 들어온 이후로 산업이 급속도로 발전하고 있습니다.

북구에는 예부터 있었던 주택이나 온천 여관이 많으며, 치수를 위해 메이지 시대에 만든 강이 시의 경계선 역할을 합니다. 북쪽과 인접한 시와의 교통은 철교에 의지하고 있습니다.

지도 이벤트

공략

- GM은 탐색 이벤트 대신 이 이벤트를 사용해도 무방합니다.
- 「지도」와 「쉘터」를 채용하며, 지도상에 습격 포인트나 방위가 발생합니다.
- ☑ 는 이벤트를 이미 경험했는지 파악하기 위한 항목입니다. 두 번째에는 다른 이벤트로 합시다.

D100	상황	내용	장소(마키우타 시)	☑
1-10	생존자의 이야기에 따르면 좀비가 있어서 아무도 손대지 않은 편의점이 있다고 한다.	생존자 1명을 보호하고, 탈출 엔드 +10%. 습격 포인트 「편의점 건물(p.25)」이 발생한다.	시청 앞 거리	☐
11-20	거점의 연료가 부족하다. 주유소에서 연료를 확보하자.	습격 포인트 「주유소(p.25)」가 발생하고, 휴대형 연료캔을 입수하면 탈출 엔드 +20%.	남구	☐
21-30	쇼핑가 쪽에서 SOS를 호소하는 불꽃을 쏘아 올렸다.	습격 이벤트 「쇼핑몰(p.26)」이 그날 밤까지 발생한다.	쇼핑가	☐
31-40	도심 지역에서 도망쳐온 샐러리맨이 빌딩에 아직 사람이 남아 있다는 이야기를 했다.	생존자 1명을 보호하고, 탈출 엔드 +10%. 습격 포인트 「빌딩(p.26)」이 그날 밤까지 발생한다.	도심 지역	☐
41-50	저택에서 총성이 들렸다고 한다.	습격 포인트 「양옥(p.27)」이 발생한다.	옛 저택	☐
51-60	간호사가 병원에 아직 사람이 남아 있다며 도움을 청했다.	생존자 1명을 보호하고, 탈출 엔드 +10%. 습격 포인트 「병원(p.27)」이 그날 밤까지 발생한다.	종합 병원	☐
61-70	얼굴이 퉁퉁 부은 생존자가 무뢰한들에게 연인을 빼앗겼다며 도움을 청했다.	생존자 1명을 보호하고, 탈출 엔드 +10%. 습격 포인트 「통나무집」이 그날 밤까지 발생한다.	자연 공원	☐
71-80	새하얀 차가 사람을 유괴해서 도망쳤다.	습격 포인트 「낡은 민가(p.28)」가 발생한다.	북구	☐
81-90	당장이라도 숨이 끊어질 듯한 택배업자가 강 건너편까지 구호 물자를 전해달라고 부탁했다.	미니밴(ZLp.19)과 〈자재〉×10을 얻는다. 습격 포인트 「철교(p.29)」가 발생하며, 〈자재〉×10을 전해주면 전원 모럴↑를 받고, 탈출 엔드 +20%.	철교	☐
91-99	거점으로 향하는 자들의 동향을 파악했다. 빨리 돌아가야 한다!	다음 시간대에 방위가 발생한다. PC1: 좀비×3, PC2~3: 무작위 적 편성(p.19) 위협도 5의 좀비 편성, PC4~: 무작위 적 편성(p.19) 위협도 10의 좀비 편성	거점	☐
100	알 상태의 좀비가 발생하는 장소를 파악했다. 모체에 해당하는 존재가 있을지도 모른다.	습격 포인트 「지하 연구소(p.29)」가 발생한다. 목표를 달성하면 마더 좀비 파괴 엔드를 맞이한다.	연구소 터	☐

지도조사

- 「지도」를 채용하며, GM은 지도상에 조사 이벤트를 발생시킬 수 있습니다.
- 장소를 바꿔도 상관없습니다. 바꾼 경우, 마키우타 시 이외의 지도에서도 활용할 수 있습니다.
- 거점으로 사용하는 장소가 습격 포인트가 되었을 때는 다른 장소로 교체합니다.

D100	장소(마키우타 시)	상황	내용
1-5	철교	아무도 없는 야영지를 발견했다. 아직 뭔가 남아 있을까?	아무거나 【탄약】을 10발 입수. 탈출 엔드 +20%
6-10	자연 공원	누군가가 설치한 그물이 있는데, 회수할 수 있을 것 같다.	네트(ZLp.35)를 입수.
11-15	시청 앞 거리	받침대가 파괴되긴 했어도 사용할 수 있을 것으로 보이는 기관총이 있었다.	기관총(p.10)과 탄(라이플)×5(ZLp.20)을 입수.
16-20	마키우타 학원	포탄이 데굴데굴 굴러 왔다. 무슨 탄이지?	철갑탄(p.11)을 1개 입수한다.
21-25	중앙구	공사 현장에 살짝 파묻힌 포클레인이 있다.	포클레인(p.11)을 입수한다. 탈출 엔드 +20%.
26-30	온천 여관	농가의 밭에서 신선한 채소를 발견했다.	신선한 식재료(ZLp.20)×5를 입수한다.
31-35	역전 상점가	좀비를 자극하지 않도록 상점가의 거리를 걸어간다.	경계/보통(70%)에 성공한 PC는 〈식료〉×5 입수.
36-40	북구	자위대의 탄약 상자가 떨어져 있었다.	아무거나 【탄약】(ZLp.20, p.11) 1종류를 10개 입수.
41-45	종합 병원	약품 선반에서 원하는 약을 찾아냈다.	아무거나 【의약품】(ZLp.20, p.11) 1종류를 3개 입수.
46-50	옛 저택	쓰레기가 잔뜩 있다. 치우면 쓸만한 것이 있을지도?	뭔지든 물품 하나를 입수.
51-55	도심 지역	드론이 들어 있는 상자를 발견했다.	드론(ZLp.20)을 입수. 탈출 엔드 +20%.
56-60	산꼭대기	딱 좋은 경치라며 살짝 현실 도피를 했다.	스트레스가 1 저하하고, 긴장감이 0이 된다.
61-65	연구소 터	이족보행형 로봇이 죽 서 있다. 이건 대체……	연구/어려움(50%)에 누군가가 성공하면 AES(p.11)를 입수.
66-70	형무소	소총을 발견했다. 주인은 보이지 않는다.	어설트 라이플(잔탄 6발)(ZLp.18)을 입수.
71-75	쇼핑가	쇼윈도가 파괴된 옷가게가 있다.	여벌옷(ZLp.20)×5, 〈자재〉×2를 입수.
76-80	공업구	소형 착암기가 있다. 부품의 일종일까?	파일벙커(p.10), 양각대(p.11)을 입수.
81-85	역	포탑 달린 장갑차가 역 건물에 쳐박혀 있다.	정찰 경계차(내구1)와 기관포탄×3(p.11)을 입수.
86-90	남구	전봇대에 충돌해 찌부러져 엉망이 된 장갑차가 있다.	수송 장갑차(내구3)(p.11)를 입수. 탈출 엔드 +20%.
91-95	서구	견인식 대포의 잔해가 있다. 받침대가 부서져 있다.	대포(p.10), HEAT탄×3(p.11)을 입수.
96-100	의료 센터	버려진 전차가 있다. 아직 움직일까?	주력 전차(내구 1D10)와 철갑탄(p.11)을 입수.

거점 공략

거점 공략

습격측이 되어 거점을 공략하러 갑니다.

시간대에 따라 지도의 상황이 달라집니다.

아침 【실외】의 【옅은 암흑】은 사라집니다.

　　【실외】에 있는 【좀비】는 【상태나쁨】이 됩니다.

낮　【실외】의 【옅은 암흑】은 사라집니다.

밤　【실내】는 【암흑】, 【실외】는 【옅은 암흑】입니다.

　　전기가 통하는 거점은 그대로 유지됩니다.

마크의 설명

 도움을 청하는 생존자 NPC입니다.
도우러 온 PC의 지시에 따릅니다.

 습격측 PC의 스타트 위치입니다.
기본적으로 좌우 어느쪽의 끄트머리에서 시작합니다.

 전투 개시 시에 배치할 수 있는 적의 위치입니다.
　은 BOSS의 위치, 　은 증원의 위치입니다.

 시야에 들어오면 뭔가가 있다는 것을 알아차립니다.
줍거나 관찰하면 그것이 무엇인지 알아냅니다.

 조사 포인트입니다. 조사 포인트가 있는 칸으로
이동하면 판정이나 이벤트가 발생합니다.

 보충 설명입니다. 그 전투 한정으로 발생합니다.

이탈

지도 끝에 있으면 말을 제거하고 이탈할 수 있습니다.

문

기본적으로 문은 닫혀 있습니다.

문이 파괴된 경우는 ✕ 가 붙어 있습니다.

습격의 시츄에이션

습격의 시츄에이션 및 거기에 따른 목적을 준비했습니다. 전투 전에 목적을 전해둡시다.

GM이 목적을 전달하면 플레이어가 전투 종료 조건을 의식할 수 있고, 더 수월하게 게임을 진행할 수 있습니다.

p.25 목적: ①물자를 입수한다 ②이탈한다

p.26-27 목적: ①생존자를 구한다 ②이탈한다

p.28 목적: ①납치당한 인질을 구한다 ②이탈한다

p.29 목적: ①좀비를 돌파한다 ②이탈한다

p.29 목적: ①마더 좀비의 파괴 ②이탈한다

거점 점령

플레이어가 거점을 빼앗고 싶어하는 경우, 목적을 「적의 전멸」로 바꾸고, 증원을 일단 멈춥시다. 거점 엔드를 노리고 거점 개축으로 이행할 수도 있습니다.

습격 발각

방위측은 습격을 알아차릴 때까지 기본적으로 그 자리에서 「기타 행동(먹고 마시기, 시간 때우기, 선잠)」을 합니다.

인간이 경계를 하고 있는 경우라면 「이동」으로 순찰을 하거나, 「관찰」을 합니다.

습격을 알아차리지 못하는 이유는 아래와 같습니다.

· 적이나 공격하는 순간을 못 봤다.

· 【소음】이 들리지 않았다.

· 동료로부터 전해듣지 못했다.

위협도

PC가 습격측일 때는 방위측일 때보다 전투의 난이도가 상승합니다. 한 번에 상대할 경우의 권장 위협도는 아래와 같습니다.

■위협도	■전투의 난이도
=PC 인수×1	이지
=PC 인수×2	노멀
=PC 인수×3	하드
=PC 인수×4	나이트메어

【총기】를 가지고 《연사》를 하는 군인 PC는 PC 인수를 헤아릴 때 2명으로 셉니다.

사각

OPTION RULE

PC가 습격시에 감에 의지하여 움직이는 선택 규칙입니다.

사선이 통하지 않는 【실내】 칸에는 뭐가 있는지 알 수 없습니다. 사각에 해당하는 칸은 「관찰」의 대상 외입니다.

사각에 해당하는 칸에 뭐가 있든 간에, GM은 거기에 말을 두지 말아주세요. 소리나 냄새로 뭔가가 있다고 묘사하는 것은 상관없습니다.

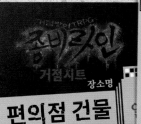

편의점 건물
장소명

묘사

1층에 편의점이 있는, 비교적 새 것이라 할 수 있는 건물이다.

유리 너머로 보이는 상품 진열대에는 아직 상품이 남아 있지만, 부자연스러울 정도로 어지럽힌 흔적이 없다. 필요한 것만 챙겨서 돌아가자.

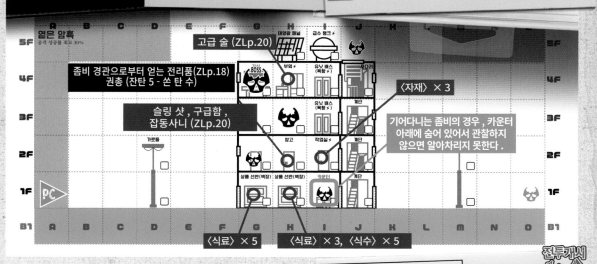

전투 PC 초기 배치: A 1F

초기 배치 (이 마크가 있는 칸에 배정한다)
기어다니는 좀비×[PC 인수], 매달리기 좀비×1

BOSS 좀비 경관×1

증원 위치 (5 라운드마다 출현)
O 1F 좀비×[PC 인수×2]【무리】

목적 물자 조달 후, 지도 끝으로 가서 이탈

열은 암흑 공격 성공률 최고 30%

- 고급 술 (ZLp.20)
- 좀비 경관으로부터 얻는 전리품(ZLp.18) 권총 (잔탄 5 - 쏜 탄 수)
- 슬링 샷, 구급함, 잡동사니 (ZLp.20)
- 〈자재〉 × 3
- 기어다니는 좀비의 경우, 카운터 아래에 숨어 있어서 관찰하지 않으면 알아차리지 못한다.
- 〈식료〉 × 5
- 〈식료〉 × 3, 〈식수〉 × 5

(지도 라벨: 태양광 패널, 급수 탱크, 부엌, 유닛 배스(욕탕), 사다리, 창고, 작업실, 계단, 상품 선반(벽장), 카운터)

주유소
장소명

묘사

주유소에는 주인 없는 사이드카나 세단이 방치되어 있다.

오는 도중에 대량의 좀비 무리를 발견했다. 필요한 것을 챙겼다면 바로 떠나는 게 좋을 것 같다.

전투 PC 초기 배치: A 1F

초기 배치 (이 마크가 있는 칸에 배정한다)
좀비×[PC 인수], 매달리기 좀비×1

BOSS 파열 좀비×[PC 인수]【무리】

증원 위치 (5 라운드마다 출현)
O 1F 좀비×[PC 인수×2]【무리】

목적 물자 조달 후, 지도 끝으로 가서 이탈

열은 암흑 공격 성공률 최고 30%

- 연료가 거의 바닥난 자동차가 추가되어 있다.
  A. 급유 (3AP)로 세단 (ZLp.19)을 입수할 수 있다.
  B. 자동차 폭발 (3AP)로 연구 / 어려움 (50%)
  ○성공: 설치형 폭탄 (ZLp.35)으로 만들어 폭탄으로 삼는다.
  X 실패: 설치형 폭탄이 즉시 발동한다.
- 〈자재〉 × 5
- 빈 휴대형 연료캔이 10개 놓여 있으며, 한 번에 2개까지 가지고 갈 수 있다. 급유기가 있는 칸에서 급유 (1개당 1AP)를 하면 휴대형 연료캔 (p.11)이 된다.
- 사이드카 (ZLp.19) 휴대형 연료캔 (p.11)
- 소화기× 10 (ZLp.18)
- 〈식수〉 × 5, 에너지 드링크× 2 (ZLp.20)

주유소에서 불이 붙어도 연료 탱크가 인화되어 폭발하는 일은 일어나지 않지만, 급유기 칸은 【연료】가 있으며, 불이 붙으면 【불꽃】이 된다.

(지도 라벨: 가로등, 급유기, 태양광 패널, 거실, 자판기(벽장), 서비스 룸, 사다리, 계단, 지하 탱크)

묘사

쇼핑몰 안은 불이 여전히 켜져 있었다.

4층 창에 「SOS」라는 문자가 붙어 있는데, 아직 무사할까? 입구의 문은 이미 파괴된 상태다.

전투 PC 초기 배치: A 1F

초기 배치 (이 마크가 있는 칸에 배정한다)
기어다니는 좀비×[PC 인수×3], 매달리기 좀비×1

BOSS 절단 좀비×1 (체력+1)

증원 위치 (5 라운드마다 출현)
O 1F 좀비×[PC 인수×2]【무리】

※DE 1F의 문은 이미 파괴되어 사선이 통한다.

목적 생존자 구출 후 이탈

거점시트 쇼핑몰

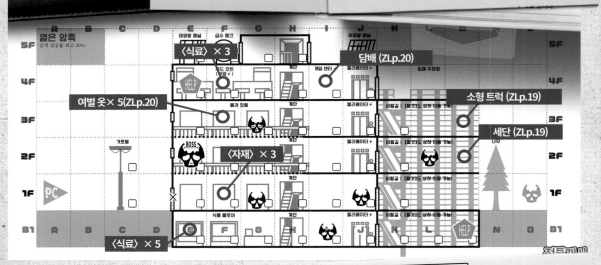

열은 암흑
공격 성공률 최고 30%

〈식료〉×3
담배 (ZLp.20)
여벌 옷×5(ZLp.20)
소형 트럭 (ZLp.19)
세단 (ZLp.19)
BOSS
〈자재〉×3
〈식료〉×5

묘사

빌딩 옥상에는 거대한 새가 둥지를 틀고 있다. 가로등 근처의 가련한 희생자는 녀석에게 당한 것일까? 3층 창에 보이는 사람은 마음대로 밖에 나오지도 못했을 것이다.

전투 PC 초기 배치: A 1F

초기 배치 (이 마크가 있는 칸에 배정한다)
좀비 새×[PC 인수], 기어다니는 좀비×[PC 인수×3]

BOSS 좀비 괴조×1 (체력+1)

증원 위치 (5 라운드마다 출현)
O 1F 좀비 개×[PC 인수/2]

목적 생존자 구출 후 이탈

거점시트 빌딩

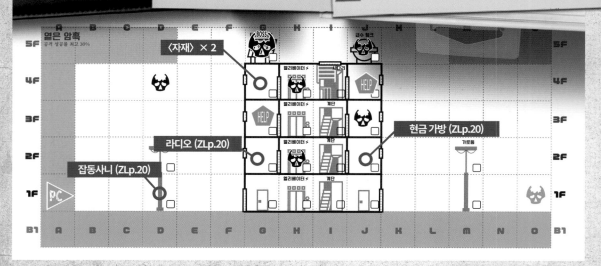

열은 암흑
공격 성공률 최고 30%

BOSS
〈자재〉×2
현금 가방 (ZLp.20)
라디오 (ZLp.20)
잡동사니 (ZLp.20)

묘사

철책 문 너머로 오래된 양옥이 보인다.

하늘 위에는 새가 빙글빙글 돌고 있고, 으스스한 느낌을 떨칠 수가 없다.

3층 서재에서 생존자의 얼굴이 보였다.

장소명

양옥

좀비 라인 TRPG 거점시트

전투 PC 초기 배치: A 1F

☠ 초기 배치 (이 마크가 있는 칸에 배정한다)

좀비 새×[PC 인수], 기어다니는 좀비×[PC 인수×3]

BOSS 좀비 야쿠자×1 (체력+1)

☠ 증원 위치 (5 라운드마다 출현)

O 1F 좀비×[PC 인수]【무리】

목적 생존자 구출 후 이탈

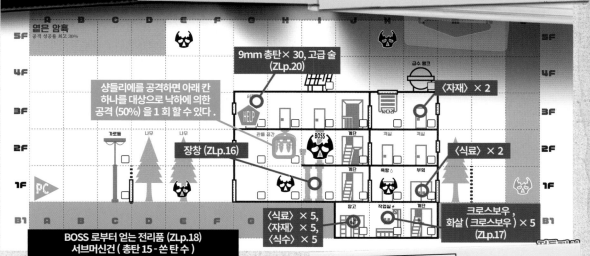

열은 암흑 공격 성공률 최고 30%

9mm 총탄×30, 고급 술 (ZLp.20)

샹들리에를 공격하면 아래 칸 하나를 대상으로 낙하에 의한 공격(50%)을 1회 할 수 있다.

장창 (ZLp.16)

〈자재〉×2

〈식료〉×2

〈식료〉×5, 〈자재〉×5, 〈식수〉×5

크로스보우, 화살(크로스보우)×5 (ZLp.17)

PC

BOSS 로부터 얻는 전리품 (ZLp.18)
서브머신건 (총탄 15 - 쏜탄 수)

전투 PC 초기 배치: A 1F

☠ 초기 배치 (이 마크가 있는 칸에 배정한다)

좀비×[PC 인수], 기어다니는 좀비×[PC 인수×3]

BOSS 전기톱 좀비×1

☠ 증원 위치 (5 라운드마다 출현)

O 1F 좀비×[PC 인수]【무리】

※【소음】이 일어날 때마다 병실에서 기어다니는 좀비 출현

목적 생존자 구출 후 이탈

묘사

굳게 닫힌 병원의 문과 하얀 담벼락에는 피가 뿌려져 있었다.

2층 창문의 커튼 사이로 도움을 청하는 생존자의 모습이 보였다.

장소명

병원

좀비 라인 TRPG 거점시트

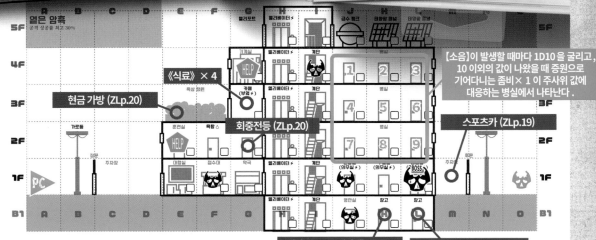

열은 암흑 공격 성공률 최고 30%

《식료》×4

현금 가방 (ZLp.20)

회중전등 (ZLp.20)

스포츠카 (ZLp.19)

【소음】이 발생할 때마다 1D10 을 굴리고, 10 이외의 값이 나왔을 때 증원으로 기어다니는 좀비×1 이 주사위 값에 대응하는 병실에서 나타난다.

PC

BOSS 로부터 얻은 전리품 (ZLp.16)
전기톱 (사용하려면 〈자재〉 1 의 보충 필요)

〈식료〉×5, 〈자재〉×5, 〈식수〉×5, 에너지 드링크×2 (ZLp.20)

몰히넨 EX×3, 파블로마이신 H×3, 구급함 (ZLp.20)

통나무집

묘사

통나무집으로 끌려간 사람이 있다는 사실을 알고 찾아왔다.

통나무집 안에서 잔치를 벌이는 소리가 들린다. 왜 경계하지 않는 걸까? 조심하는 것이 좋을 것 같다.

전투 PC 초기 배치: A 1F

초기 배치 (이 마크가 있는 칸에 배정한다)
약물중독자×[PC 인수], 야쿠자×1

BOSS 좀비 멧돼지×1

증원 위치 (5 라운드마다 출현)
O 1F 좀비 맨이터×[PC 인수]【무리】

목적 생존자 구출 후 이탈

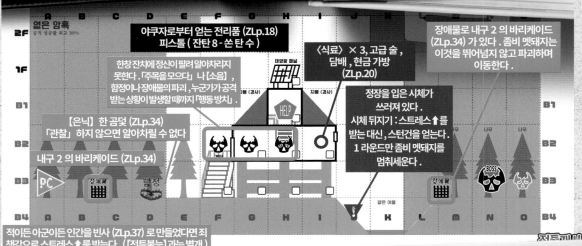

야쿠자로부터 얻는 전리품 (ZLp.18)
피스톨 (잔탄 8 - 쏜탄 수)

〈식료〉× 3, 고급 술, 담배, 현금 가방 (ZLp.20)

한창잔치에정신이팔려알아차리지 못한다. 「주목을모으다」 나 [소음], 함정이나장애물의파괴, 누군가가공격 받는 상황이 발생할때까지『행동방치』.

정장을 입은 시체가 쓰러져 있다. 시체 뒤지기 : 스트레스↑를 받는 대신, 스턴건을 얻는다. 1 라운드만 좀비 멧돼지를 멈춰세운다.

장애물로 내구 2 의 바리케이드 (ZLp.34) 가 있다. 좀비 멧돼지는 이것을 뛰어넘지 않고 파괴하며 이동한다.

【은닉】 한 곰덫 (ZLp.34) 「관찰」 하지 않으면 알아차릴 수 없다

내구 2 의 바리케이드 (ZLp.34)

적이든아군이든 인간을 빈사 (ZLp.37) 로만들었다면죄책감으로 스트레스↑를 받는다. (【전투불능】과는 별개)

오래된 민가

묘사

낡은 1층짜리 목조 건물이다.

기와 아래에는 솔라 패널이 설치되어 있다.

건물에는 교단의 깃발이 있고, 안에서는 의식을 치르는 소리가 들린다. 유괴된 사람은 무사할까?

전투 PC 초기 배치: A 1F

초기 배치 (이 마크가 있는 칸에 배정한다)
컬트 신도×[PC 인수], 컬트 호위×1

BOSS 컬트 교조×1 (【좀비화】했다)

증원 위치 (5 라운드마다 출현)
O 1F 컬트 신도×[PC 인수]【무리】

목적 생존자 구출 후 이탈

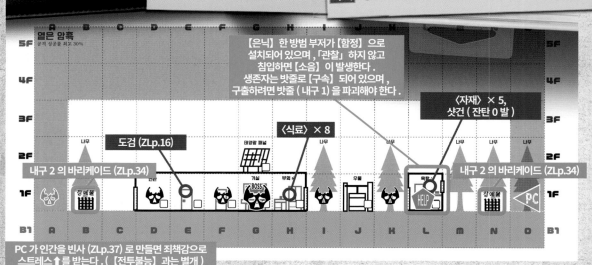

【은닉】 한 방범 부저가 【함정】 으로 설치되어 있으며, 「관찰」 하지 않고 침입하면 【소음】 이 발생한다.
생존자는 밧줄로 【구속】 되어 있으며, 구출하려면 밧줄 (내구 1)을 파괴해야 한다.

〈자재〉× 5, 샷건 (잔탄 0 발)

〈식료〉× 8

도검 (ZLp.16)

내구 2 의 바리케이드 (ZLp.34)

내구 2 의 바리케이드 (ZLp.34)

PC 가 인간을 빈사 (ZLp.37) 로 만들면 죄책감으로 스트레스↑를 받는다. (【전투불능】 과는 별개)

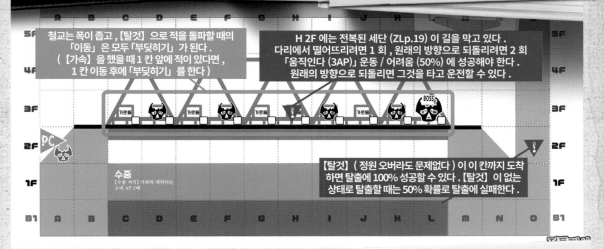

묘사

철교까지 왔지만, 그곳에는 좀비가 우글거리고 있다. 차량으로 좀비를 치며 나아갈 수밖에 없을 것 같다. 뒤에서는 좀비 무리가 쫓아오고 있다. 어서 빨리 건너편으로 넘어가자.

거점시트 장소명
철교

전투 PC 초기 배치: A 1F

☠ **초기 배치**(이 마크가 있는 칸에 배정한다)
좀비×[PC 인수×2]

BOSS 거대 좀비×1(체력+2)

☠ **증원 위치**(5 라운드마다 출현)
O 1F 기어다니는 좀비×[PC 인수×2]【무리】
(이니셔티브는 0)

목적 【탈것】을 타고 철교 건너편으로 이탈

철교는 폭이 좁고, 【탈것】으로 적을 돌파할 때의 「이동」은 모두 「부딪히기」가 된다. (【가속】을 했을 때 1칸 앞에 적이 있다면, 1칸 이동 후에 「부딪히기」를 한다)

H 2F 에는 전복된 세단 (ZLp.19) 이 이 길을 막고 있다. 다리에서 떨어뜨리려면 1회, 원래의 방향으로 되돌리려면 2회 「움직인다 (3AP)」운동 / 어려움 (50%) 에 성공해야 한다. 원래의 방향으로 되돌리면 그것을 타고 운전할 수 있다.

수중
【수중 서식】이외의 캐릭터는 소비 AP 2배

【탈것】 (정원 오버라도 문제없다) 이 이 칸까지 도착하면 탈출에 100% 성공할 수 있다. 【탈것】이 없는 상태로 탈출할 때는 50% 확률로 탈출에 실패한다.

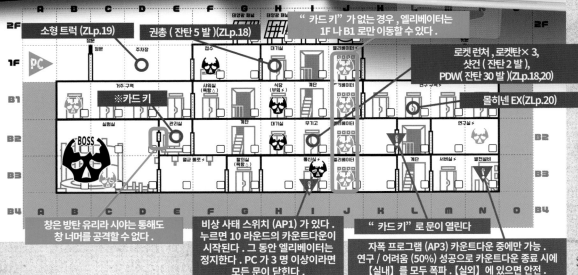

묘사

연구소의 문은 굳게 닫혀 있다. 설치된 솔라 패널의 숫자를 보건대, 이곳이 보기보다 규모가 큰 시설이라는 것을 알 수 있다. 이 지하에는 도대체 무엇이 감춰져 있을까?

거점시트 장소명
지하 연구소

전투 PC 초기 배치: A 1F

☠ **초기 배치**(이 마크가 있는 칸에 배정한다)
좀비×2【무리】, 좀비 경관, 거대 좀비, 좀비 병사
[각각 PC 인수](좀비 병사는 I B3을 권장)

BOSS 마더 좀비×1

☠ **증원 위치**(5 라운드마다 출현)
O 1F PC와 가까운 위치 좀비 에그×[PC 인수]【무리】

목적 마더 좀비를 파괴하거나 시설을 폭파한 후에 이탈

소형 트럭 (ZLp.19)

권총 (잔탄 5 발)(ZLp.18)

"카드 키" 가 없는 경우, 엘리베이터는 1F 나 B1 로만 이동할 수 있다.

로켓 런처, 로켓탄×3, 샷건 (잔탄 2 발), PDW(잔탄 30 발)(ZLp.18,20)

※카드 키

몰히넨 EX(ZLp.20)

BOSS

창은 방탄 유리라 시야는 통해도 창 너머를 공격할 수 없다.

비상 사태 스위치 (AP1) 가 있다. 누르면 10 라운드의 카운트다운이 시작된다. 그 동안 엘리베이터는 정지한다. PC 가 3 명 이상이라면 모든 문이 닫힌다.

"카드 키" 로 문이 열린다

자폭 프로그램 (AP3) 카운트다운 중에만 가능. 연구 / 어려움 (50%) 성공으로 카운트다운 종료 시에 【실내】를 모두 폭파. 【실외】에 있으면 안전

솔로 캠프

클리어 조건 : 1일간의 생존

시나리오 정보

참여인수	:	1인(GM 포함)
상정시간	:	1시간 반
거점	:	통나무집
개시	:	아침

▼타임스케줄

1일째

아침／전: 탐색…1일째 아침(전반)
아침／후: 탐색…1일째 아침(후반)
낮／전: 공작…1일째 아침(전반)
낮／후: 조사…1일째 아침(후반)
밤／전: 방위…1일째 아침(전반)
밤／후: 휴식…1일째 아침(후반)

2일째 　시간경과 엔드

타임스케줄

시간/일수		1일째
아침	전	START
	후	
낮	전	
	후	A
밤	전	
	후	ZZ
시간대/		1일째

시나리오 소개

이 시나리오는 무료 공개된 플레이어즈 가이드만으로도 플레이할 수 있다.

또, 플레이어는 GM을 겸임한다.

규칙을 파악할 때 도움이 될 것이다.

PC는 무슨 일이 있을 때마다 솔로 캠프를 즐기는 취미가 있다.

볼일이 생겨 산기슭까지 내려갔더니, "참극의 밤"으로 모든 것이 바뀌어 있었다.

거점방위TRPG 『좀비 라인』

좀비로부터, 스스로의 생명선을 지켜라.

솔로 플레이 시나리오

GM 없이 플레이할 수 있는 시나리오입니다.

솔로 플레이는 혼자서 플레이할 수 있도록 여러 개의 이벤트를 게임북 형식으로 구성했습니다. ①부터 차례대로 이벤트를 진행합시다.

적의 조작은 시나리오에 적혀 있는 우선 순위에 따라 플레이어가 처리합니다.

함정류&조사초기배치

B 1F	함정 말뚝	A
EF 1F	강여용 바리케이드	B
IJ 1F	강여용 바리케이드	C
M 1F	함정 말뚝	

초기 생활 리소스

⬛ 〈식료〉0		📦 〈자재〉2	
💧 〈식수〉0		⚡ 〈전기〉∞	

마크의 설명

START 개시하는 시간대입니다.
거점에 도착한 시각을 가리킵니다.

 고유의 탐색 이벤트가 발생합니다.
고유 이벤트는 1부터 순서대로 발생합니다.

 고유 조사포인트는 알파벳으로 표시됩니다. I가 있는 경우, 조사포인트표(ZLp.52)에 따라 결정됩니다.

 적의 습격입니다. X번의 적 그룹이 나타납니다.
거점 지도 상에 있는 적의 출현 좌표입니다.

 삽입 이벤트입니다. 가나다에 대응하는 이벤트가 발생합니다.

ZZ 휴식입니다. 긴장감이 0이 됩니다. 치료중인 【상처】【상태나쁨】이 회복됩니다. 대화로 스트레스가 증감합니다.

HO1 솔로 캠퍼

단골 캠프장에 가서 힐링 타임을 만끽하고 있었다. 모닥불의 연료가 없는 것을 깨달은 당신이 산기슭까지 내려가보니, 거리가 엉망이 되어 있었다.

PC 설정 : 솔로 캠프를 좋아한다.

참극의 밤 : ①~⑤의 이벤트로 고정된다.

게임의 준비와 진행

필기도구, 관리 시트, 거점 시트(통나무집), 캐릭터 시트, 10면체 주사위 2개, 10개 정도의 말을 준비한다.

HO1의 설정에 따라 캐릭터 제작(ZLp.8)을 한다. 오프닝에 해당하는 참극의 밤①~⑤를 순서대로 처리하고, 거점 시트에 함정류를 설치한다.

⑥부터는 타임스케줄에 따라 거점 생활을 한다.

탐색→탐색→조사→공작의 순서로 진행하되, ZLp.27을 참고해서 다른 거점 행동을 해도 상관없다.

⑩에서는 전투(ZLp.38)를 한다. p.33의 내용과 전투 규칙을 잘 읽고 처리한다.

좀비의 공격으로 PC가 좀비화하면 ※전멸 엔드가 된다. 좀비를 전멸시켰다면 ⑪로 간다.

거점의 상태

통나무집은 짐승이 들어오지 못하도록 울타리를 쳐 났다. 또, 울타리 바깥은 나무 말뚝을 박아 야생동물이 통나무집으로 다가오지 못하게 했다.

① 참극의 밤

당신은 솔로 캠프를 하러 히토리다테 산에 왔다. 전날 비가 내린 탓에 땔감으로 쓸 나뭇가지가 없어서 휴대형 연료를 사용하려고 했지만, 보충을 깜빡한 탓에 남은 것이 없어서 마을까지 내려가기로 했다.

산을 내려온 당신이 목격한 것은 황폐해진 거리와 마치 좀비처럼 변한 사람들의 모습이었다. **스트레스↑**를 받는다(자신의 스트레스를 1 상승시킨다).

② 다음날 아침 (A나 B 중 하나를 선택)

원래 들를 예정이었던 편의점으로 달려 들어가, 화장실 문을 닫고 아침을 맞이했다.

문을 열어보니 편의점에는 점원은 물론 아무도 없었다. 엉망진창이 된 가게 안을 본 당신은…

A: 멋대로 물건을 가지고 나간다. 〈식료〉×2, 〈식수〉×2

B: 마음 아파한다. **모럴↑**(모럴을 1 얻는다)

③ 다음날 낮 (A나 B 중 하나를 선택)

아침에는 얌전했던 좀비도 낮에는 활동이 활발해졌다. 두려움에 떨며 거리를 걷다 보니 쇠파이프가 쑤셔 박힌 시체를 발견했다. 죽어서도 가방을 소중히 끌어안아 지키고 있다. 당신은…

A: 가방만 빼앗는다. 현금 가방(ZLp.20)

B: 쇠파이프를 뽑는다. **둔기•스트레스↑**(ZLp.20)

④ 다음날 밤 (A나 B 중 하나를 선택)

그 후, 금세 좀비에게 쫓기는 신세가 된 당신은 **스트레스↑**를 받고, 텐트로 돌아온다. 좀비에게 따라잡히는 것도 시간 문제다. 당신이 근처의 통나무집으로 향할 때, 텐트에서 꺼낸 물건은…

A: 장작을 패기 위해 샀던 도끼. 손도끼 (ZLp.17)

B: 강력한 라이트. 회중전등 (ZLp.20)

⑤ 거점으로 가는 길

당신은 간신히 통나무집에 도착했다. **스트레스↑**를 받고, 임의의 **스킬**을 하나 획득한다.

그리고 초기 생활 리소스인 〈자재〉×2를 더하고, 이제부터 솔로 캠퍼의 방위전을 시작한다.

PC는 스트레스↑를 받고, 스킬을 획득한다.

A나 B를 선택하고, 선택한 물건을 입수하거나 증가시킬 것.

⑥1일째 아침(전반) ?

아침 탐색 때는 라이프라인 보너스(오른쪽 참조)를 처리한 후, 아래의 탐색 이벤트가 발생한다.

탐색을 하러 숲속에 들어간 당신은 쓰러진 사냥꾼을 발견했다. 정중히 매장한다면 모럴↑, 시체를 뒤진다면 **스트레스↑**를 받는 대신 에어라이플(잔탄 1발)과 납구슬×3(ZLp.18)을 발견한다.

⑦1일째 아침(후반) ?

라이프라인 보너스 처리 후, 이벤트를 처리한다.

당신은 탐색 도중에 버려진 공장을 발견했다. 안에서 공구함과 잡동사니(ZLp.20)를 주웠다. 계속 찾는 경우, 탐색/어려움(50%)의 판정을 해서 성공하면 〈자재〉×2를 얻을 수 있다.

자재가 있으면 【보충】을 하거나, 물품으로 변환하거나, 무기나 함정류를 자작할 수 있다.

보충
(필요한 〈자재〉를 소비해서) 언제든지 입수할 수 있습니다.

⑧1일째 낮(전반)

공구함을 사용하면 임의의 칸에서 자작(ZLp.34)을 할 수 있다. 자작하고 싶은 무기나 함정류를 선택하고, 필요한 숫자만큼 자재를 소비해서 판정에 성공하면 입수한다.

만약 실패했더라도 긴장감을 1 올릴 때마다 성공률을 ±10%하여 성공으로 바꿀 수 있다.

추천하는 것은 죽창이나 말뚝이다. 말뚝 같은 함정은 지면이나 지붕 위의 칸에 배치할 수 있다.

⑨1일째 낮(후반) K B1 A

좀비가 상류에서 떠내려 왔다. 아직 움직임이 둔해서 지금이라면 간단히 처치할 수 있을 것 같다.

좀비를 쓰러뜨리기로 했다면, 전투에는 자동으로 승리한다. 또한, 시체를 뒤질 수 있다. 시체를 뒤지면 **스트레스↑**를 받는 대신, 등산도구(ZLp.20)를 입수한다.

이 조사를 방치하면 ⑩의 습격 때 좀비가 추가로 출현한다.

〈식료〉의 가공필요 D100표

1~50	51~80	81~100
신선한 식재료	수상한 식재료	위험한 식재료

탐색의 라이프라인 보너스(ZLp.22)에 관하여

〈식료〉〈자재〉〈식수〉에서 1종류 선택하고, 탐색/보통(70%)으로 판정한다. ○성공: 생활 리소스 1개/X실패: 대응하는 가공필요 물건 1개를 얻을 수 있다.

※판정 시 스킬이 있다면 두 번 굴려서 원하는 쪽의 주사위 값을 선택한다.

〈생활 리소스〉와 가공필요 물건

〈식료〉 or 식재료계 (위 참조)	〈자재〉 or 잡동사니
〈전력〉 or 폐전지	〈식수〉 or 오염수

판정을 할 때는 1D100을 굴리고, 난이도의 % 이하가 나오면 ○성공, 초과하면 X 실패한다. 실패해도 긴장감을 올려 성공률에 ±10%할 수 있다.

스트레스 증상

스트레스가 한계치인 5에 도달한 상태에서 다시 스↑를 받으면, 스트레스치는 그대로 유지하고 D10~려 스트레스 증상(ZLp.36)을 정하는 처리를 끼워 넣는

⑩1일째 밤(전반) 전투캐싯 스트레스 1

1라운드째 출현하는 적

- A 1F 좀비
- K B1 좀비 (⑨를 방치했다면 출현한다)
- O 1F 좀비×2

3라운드째 출현하는 적

- A 1F 좀비×2

⑪1일째 밤(후반) zzz

당신은 통나무집에서 좀비를 성공적으로 격퇴했다. 텐트에 그대로 머물렀다면 위험했을 것이다.

거리에는 이것보다 더 많은 좀비가 있겠지만, 이제부터는 이동할 때 사용할 탈것도 필요해질 것이다. 이 거점에 남을지, 아니면 밖으로 나가 도움을 청할지. 이후의 일을 생각하면서도, 당신은 기진맥진한 몸을 이끌고 통나무집 안에서 잠들었다….

전투 ZLp.33

① 좀비가 습격해오면 우선 **스트레스↑**를 받는다.

② 적을 배치하기 전에 PC를 배치한다. 지면이나 지붕이 있는 칸에만 배치할 수 있다.

③ A 1F에 좀비를 1체, O 1F에 2체 배치한다. 만약 조사 포인트가 미해결 상태라면 B1에도 1체 배치한다.

④ D100을 굴려 각 캐릭터의 이니셔티브를 결정한다. 《전략》을 가진 캐릭터는 두 번 굴려 원하는 쪽을 채용할 수 있다. 높을수록 유리하다. 적의 이니셔티브는 D100을 굴리지 않고, 아래의 숫자에 끼워넣으면 바로 결정된다.

⑤ 전투는 라운드에 따라 진행하며, 이니셔티브가 높은 쪽부터 순서대로 차례가 돌아온다. 전투 중의 행동은 ZLp.39를 참조한다.

이니셔티브는 전투 동안 변동하지 않는다.

※3라운드째에 좀비 2체를 A 1F에 배치한다.

※좀비를 모두 전투불능으로 만들었다면 승리한다. ⑪로 넘어간다.

※복장이 두꺼운 옷이라면 【좀비화】를 1회 막을 수 있다.

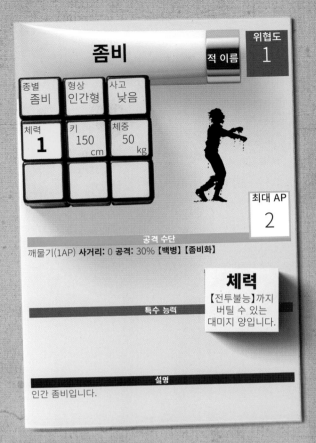

좀비 — 적 이름 — 위협도 1

종별	형상	사고
좀비	인간형	낮음

체력	키	체중
1	150 cm	50 kg

최대 AP **2**

공격 수단
깨물기(1AP) 사거리: 0 공격: 30% 【백병】【좀비화】

특수 능력

설명
인간 좀비입니다.

체력
【전투불능】까지 버틸 수 있는 대미지 양입니다.

【좀비화】했다 ↓

※전멸 엔드

좀비에게 물린 당신은 그 좀비를 간신히 쓰러뜨렸지만, 물린 부분을 중심으로 혈색이 나빠지면서 혈관이 도드라지는 모습을 보게 된다.

당신은 이성이 남아 있는 동안 이제부터 어떻게 할지 생각한다. 강으로 뛰어들까? 소중한 사람에게 전화를 걸까? 자포자기할까? 남은 시간 동안 당신이 취한 행동은……

1일간 생존했다 ↓

⑫시간경과 엔드

눈을 떠보니 아침이었다. 승리를 자축하며 얼마 남지 않은 식료와 물로 먹고 마신다.

상류에서 좀비가 흘러 내려온 것을 생각해보면, 이 강의 물을 마시는 것은 피해야 할 것이다.

급수 탱크나 우물이 있는 거점을 다시 찾는 게 나을 것 같다는 생각이 들었다.

당신은 살아 있다. 좀비가 우글거리는 이 세계에서.

좀비의 전술

좀비의 차례가 되면 PC와 거리를 좁히기 위해 이동한다.

좀비는 기본적으로 「이동」이나 「공격」을 한다.

최대 AP는 2이므로, 최대 2칸 움직일 수 있다.

그리고 같은 칸에 들어오면 공격 수단 「깨물기」를 사용한다. 공격에 성공(【두꺼운 옷】이라면 두 번째 성공)하면 PC가 【좀비화】해서 전멸 엔드가 된다.

PC가 지붕에 있을 때는 계단으로 올라와 F 2F에서 「행동 방치」를 하고, 다음 라운드에 「등반」을 한다.

PC가 닫은 문은 공격해서 파괴를 시도한다. 창이든 문이든 내구1이므로, 공격이 1회 성공하면 파괴할 수 있다.

J B1, L B1의 경사는 기울어진 쪽으로 대각선 이동을 할 수 있다. 실내나 설비(거점 아래의 기둥 등)가 있는 칸에 들어가면 그 칸은 【더러움】 상태가 된다. 또, 함정 칸이 있거나 사이에 장애물이 있을 때는 ZLp.34를 참조한다.

좀비화
이 상태가 되면 시나리오가 끝날 때까지 좀비가 됩니다.

더러움
거점 생활 중 해당 칸을 지날 때 스트레스가 ↑합니다.

학교 시나리오
학교 방위 위원회

클리어 조건 : 3일간의 생존

시나리오 정보

참여인수	2~5인
상정시간	2시간 반
거점	학교
개시	밤

시나리오 소개

"참극의 밤"으로부터 세계는 변해버렸다.

PC는 살아남은 학생들이다.

참극의 밤에 살아남은 학생들을 한데 모은 학생회장은 「학교 방위 위원회」를 발족하고, 학교를 거점으로 삼아 구조를 기다린다. 그런데 견디지 못한 학생이 회장을…

거점방위TRPG 『좀비 라인』

좀비로부터, 스스로의 생명선을 지켜라.

함정류&조사초기배치

D 1F	함정 말뚝
E 1F	함정 올가미
DF 1F	강예물 바리케이드
LM 1F	강예물 바리케이드
E 1F	함정 말뚝

초기 생활 리소스

- ⬛ 〈식료〉 5
- 📦 〈자재〉 3
- 💧 〈식수〉 ∞
- ⚡ 〈전기〉 ∞

▼타임스케줄

1일째

밤/전: 방위…첫날의 습격
밤/후: 휴식

2일째

아침/전: 삽입…가: 미안해
아침/후: 없음
낮/전: 삽입…나: 전할 말
낮/후: 조사…A: 괴로워하는 회장
밤/전: 조사…B: 자전거와 피난 루트
밤/후: 휴식…1일째 아침(후반)

3일째

아침/전: 탐색…※탐색 이벤트
아침/후: 탐색…※탐색 이벤트
낮/전: 탐색…※탐색 이벤트
낮/후: 탐색…※탐색 이벤트
밤/전: 삽입…다: ※회장의 죽음
밤/후: 방위…최종일의 습격

4일째 ― 시간경과 엔드

※탐색하러 가는 목적에 따라 발생하는 탐색 이벤트가 다릅니다.
특별한 목적 없음 = 일반 랜덤 이벤트
약을 찾는다 → 「※병원으로 약을 찾으러」
탈출하고 싶다 → 「※탈출 루트 확보」

단축판

짧게 플레이하기 위해 단축한 예시입니다.

p.2에서 소개한 리플레이 동영상은 이 타임스케줄에 따라 진행했습니다.

▼타임스케줄
클리어 조건 : 2일간의 생존

1일째

밤/전: 방위…첫날의 습격
밤/후: 휴식

2일째

아침/전: 삽입…가: 미안해
　　　: 삽입…나: 전할 말
아침/후: 조사…A: 괴로워하는 회장
　　　: 조사…B: 자전거와 피난 루트
낮/전: 탐색…※탐색 이벤트
낮/후: 탐색…※탐색 이벤트
밤/전: 방위…최종일의 습격
밤/후: 휴식

3일째 ― 시간경과 엔드

타임 스케줄

시간/일수		1일째	2일째	3일째
아침	전		㉮	
	후			❓
낮	전		㉯ B / A	
	후	START		❓
밤	전	1	2 ㉰	
	후	ZZZ	ZZZ	ZZZ
시간대/		1일째	2일째	3일째

기본적으로는 타임스케줄 대로 이벤트가 발생합니다.

타임 스케줄

시간/일수		1일째	2일째
아침	전		㉮
	후		㉯ B / A
낮	전		❓
	후	START	❓
밤	전	1	2 ㉰
	후	ZZZ	ZZZ
시간대/		1일째	2일째

이 표를 순서에 띄워 넣으면 적의 이니셔티브가 금방 정해집니다.

아군 NPC: 마키 회장

【학생(학생회)】【부드러움】【믿음직함】【여성/18세】【167cm】【49kg】
【두꺼운 옷】《성량》《전략》《운동》《연구》《대화》
컨디션: 스트레스5, 【상처】【상태나쁨】(판정에 -30%)
PC와 함께 학교를 지켜주는 전(前) 학생회장.
전투에서는 「주목을 모으다」로 아군의 공격을 지원한다.
첫날의 습격 시점에서는 H 1F 보건실의 침대에서 자고 있다.
거점 행동을 해서 모두를 돕는다.
「삽입:나」가 일어나서 침대에서 움직일 수 없게 되어도 같은 장소에
있으면 「멘탈 케어」를 해주려고 한다. PC는 거점 행동 「기타 행동」으로
마키 회장을 침대째 임의의 【실내】 칸으로 이동시킬 수 있다.

HO1 학교를 지키는 자 (내부팀)

　　마키 회장을 비롯한 동료들과 함께 학교 안에서 참극
의 밤을 견뎌내고, 살아남은 학생 수십 명이 학교를 거
점으로 삼아 며칠간 버텼으나, 마침내 그룹이 붕괴했다.
　　PC 설정: 【학생】이며, 마키 회장의 급우 또는 후배.
마키 회장으로부터 귀여움 받았다.
　　참극의 밤: ①~⑤의 이벤트로 고정된다.

HO2 밖에서 온 자 (외부팀)

　　밖에서 살아남은 당신은 학생들이 농성 중이라는 학
교에 도착했다. 그러나 학교에 남아 있는 것은 HO1과
마키 회장뿐이었다.
　　PC 설정: 【학생】 추천. 마키 회장이나 HO1과는 아는 사이.
　　참극의 밤: 일반적인 진행에 따르며, ⑤거점으로 가
는 길은 고정.

---

①참극의 밤

　　학교에 수상한 인물이 침입한 것을 보고 학생 지
도를 담당하는 교사가 달려갔다가, 몸싸움 끝에 물린
것을 계기로 좀비의 감염이 확산되었다.
　　마키 회장은 앞장 서서 좀비를 격퇴. 학교에 농성
하는 것에 성공했으나 교사들은 전멸했고, 학생은 수
십 명밖에 남지 않았다. **스트레스⬆**를 받는다.

②아침 (A나 B 중 하나를 선택)

　　살아남은 학생들의 부탁으로 마키 회장이 모두의
리더가 된다. 새로 「학교 방위 위원회」를 발족한 마
키 회장은 반 배정을 주도하고, 한 사람 한 사람에게
어느 반에 소속되고 싶은지 묻는다. 당신은…
　　A: 탐색반을 희망한다. 〈자재〉×2, 〈식료〉×1
　　B: 정비반을 희망한다. 야구공×10(ZLp.17)

③낮 (A나 B 중 하나를 선택)

　　며칠 후, 탐색반이 대량의 빵을 발견했다. 취사반이
배급을 했는데, 비협조적인 학생 중에 빵을 받지 못한
학생이 있었다. 당신은…
　　A: 빵을 나눠준다. 모럴⬆
　　B: 빵을 먹지 않고 숨겨둔다. 〈식료〉×2

④밤 (A나 B 중 하나를 선택)

　　탐색반이 발견한 식료의 일부에 좀비의 피가 묻어
있었다. 안전한 줄로만 알았던 학교 안에서 좀비가 발
생했고, 대혼란이 일어났다. 마키 회장이 모두를 진정
시키기 위해 바쁘게 뛰어다니는 동안, 당신은…
　　A: 창고에 숨어서 버틴다. 〈자재〉×2, **스트레스⬆**
　　B: 마키 회장을 돕는다. 모럴⬆, **스트레스⬆**

A나 B를 선택하고, 선택한 물건을 입수하거나 증가시킬 것.

타임 스케줄

시간/일수		1일째	2일째	3일째
아침	전		가	?
	후			?
낮	전		가 B / A	?
	후	START	?	?
밤	전	1	2 가	
	후	ZZZ	ZZZ	ZZZ

시간대/	1일째	2일째	3일째

---

⑤ 거점으로 가는 길

교사의 운동장에서 마키 회장이 흥분한 학생 하나에게 찔렸다. 패닉을 일으킨 학생들은 앞 다투어 학교에서 도망쳐 나갔다가 좀비의 먹이가 된다. 마키 회장은 (외부팀과 합류한) PC들을 발견하고, 바깥보다는 안전할 것이라며 텅 빈 학교로 피난 유도를 했다.

PC들은 스트레스↑를 받고, 스킬을 획득한다.

전할 말

마키 회장은 진땀을 흘리면서 눈물 어린 눈으로 웃으며 여러분에서 앞으로 할 일을 전했다.

마키 회장 「비상구에 너희 몫의 자전거가 있으니까, 만약을 위해 기억해둬. (PC 한 명의 이름을 부른다), 너를 새 회장으로 임명할게. 모두를 잘 부탁해.」

그녀는 힘이 다해 쓰러져서, 침대를 떠날 수 없게 되었다.

첫날의 습격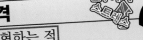

1라운드째 출현하는 적

A 1F 좀비×[PC 인수]【무리】

O 1F 좀비

3라운드째 출현하는 적

A 1F (HO1의) 지인 좀비×[PC 인수]【무리】

(학교에서 도망친 학생들)

괴로워하는 회장 회장

침대 위에서 마키 회장이 괴로워하고 있다. 아무래도 상처가 악화된 것 같다. 치료/보통(70%)에 성공하면 적절한 조치를 취할 수 있으며, 더 나은 회복을 원한다면 병원에 있는 파블로마이신H이 필요하다는 것을 깨닫는다. 보건실에는 그 약이 없다.

조치를 취하지 않고 방치하면, 마키 회장은 3일째 밤을 개시할 때 빈사가 되며, PC 전원은 스트레스↑를 받는다.

미안해 가

이른 아침, 보건실에 모인 여러분.

마키 회장 「미안해. 꼼짝도 못 하겠어.」

복부를 찔려 치료를 받는 중인 마키 회장은 그렇게 중얼거렸다.

마키 회장 「바깥을 탐색할 거라면 좀비의 움직임이 둔해지는 아침만 노리는 게 나을 거야. 낮에는 누구라도 좋으니 꼭 주위를 경계해. 좀비가 오지 않을지 불안할 테니까. 관리할 수 있는 수만큼 함정을 늘리는 것도 방법이야……」

자전거와 피난 루트 N 1F

비상구 근처에 있는 창고에 정비된 자전거 [PC 인수]대와 피난 루트를 기록한 지도가 있었다.

PC들만이라도 지도를 따라 자전거로 탈출한다면 50% 확률로 탈출할 수 있다.

단, 마키 회장은 탈출할 수 없다.

탈출 엔드는 밤 시간대에는 발생시킬 수 없다.

※병원으로 약을 찾으러 ?

「조사A: 괴로워하는 회장」에서 판정에 성공했고, 탐색으로 병원을 찾고자 한다면 발생한다.

병원에 들어가면 처참한 광경을 보고 **스트레스↑**를 받는다. 누군가가 탐색/보통(70%)에 성공하면 **구급함, 파블로마이신H×3, 몰히넨 EX**를 입수한다. 약은 마키 회장과 같은 칸에 있거나 휴식을 취할 때 투여하며, 이렇게 되면 회장은 행동할 수 있게 된다.

※탈출 루트 확보 ?

「조사B: 자전거와 피난 루트」 후, 자전거를 타고 탈출할 경로를 찾고자 한다면 발생한다.

운전/어려움(50%)에 성공하면 탈출 확률에 +10%한다. 이 효과는 누적된다.

【탈것】을 찾는 경우, 1의 자리 숫자만 채용해서 31~40의 탐색 이벤트만 한정 발생시킬 수도 있다 (83이 나왔다면 33이 발생한다).

탈출 계획을 세운다 (거점 행동)

「조사B: 자전거와 피난 루트」 후, 거점 행동으로 「계획」을 세울 수 있게 된다.

「계획」을 세운 PC가 제안한 탈출 계획에 따라 GM은 아래에서 하나의 보너스를 줄 수 있다(누적 가능).

• 회장도 함께 탈출할 수 있다
• 탈출에 +10%
• 뭔가를 잃는 대신 실패했을 때 한 번만 주사위를 다시 굴릴 수 있다.

※회장의 죽음 다

이 이벤트는 「조사A: 괴로워하는 회장」에서 조치를 취하지 않고 그대로 방치하여, 3일째 밤을 개시할 때 마키 회장이 빈사가 되었을 경우에만 발생한다.

「난 이제 틀린 것 같아…. 너를 남기고 먼저 떠나는 나를 용서해줘…. 모두, 미안해.」

그렇게 말하고 마키 회장은 상실된다. PC 전원은 **스트레스↑**를 받는다.

최종일의 습격  다

1라운드째 출현하는 적

A 1F	좀비×[PC 인수], (HO1의) 지인 좀비×1
O 4F	좀비 새×1

3라운드째 출현하는 적

A 1F	(HO2의) 지인 좀비×[PC 인수]【무리】
A 1F	**BOSS 절단 좀비×1 (체력+1)**
O 1F	좀비×[PC 인수]

탈출 엔드

아침이나 낮에 PC가 탈출을 선택했다.

※탈출할 수 있는 확률은 판정이 아니므로, 100%까지 상승하며, 긴장감은 사용할 수 없다는 것을 알린다.

학교에 이별을 고하고 탈출을 시도한다. 피난 루트에 따라 나아가는 도중에 좀비 무리와 만난다. 여기를 돌파하면 피난 구역은 코앞이다!

실패하면 행방불명 되거나 중상을 입는다.

회장생존 엔드

마키 회장이 생존한 상태로 3일간 생존했다.

마키 회장은 당신에게 감사를 전하고, 노고를 치하했다.

「네 덕분에 살았어. 몸 상태도 많이 좋아졌고. 아직은 이곳을 거점으로 좀 더 힘써볼 수 있을 것 같아.」

「이제부터 어떻게 될지는 모르겠지만, 살아남자. 그게 모두에 대한 공양이겠지….」

「학교 방위 위원회, 이제부터 어떻게 해야 할까?」

회장사망 엔드

마키 회장이 상실된 상태로 3일간 생존했다.

당신은 살아남았다. 소중한 사람을 잃고서.

학교 방위 위원회 멤버도 몇 명 남지 않았다.

하지만 살아남아야만 한다.

그것이 살아 남은 자의 책무. 그렇게 말했던 마키 회장의 옆얼굴을 떠올렸다.

한여름 시나리오
여름하면 상어와 좀비

클리어 조건 : 3일간의 생존

타임 스케줄

시나리오 정보

참여인수	1~5인
상정시간	2시간 반
거점	해변 매점
개시	아침

▼타임스케줄

1일째

- 아침／전: 없음
- 아침／후: 없음
- 낮／전: 조사 포인트(ZLp.52)
- 낮／후: 없음
- 밤／전: 방위…첫날의 습격
- 밤／후: 휴식

2일째

- 아침／전: 조사 포인트(ZLp.52)
- 아침／후: 없음
- 낮／전: 없음
- 낮／후: 없음
- 밤／전: 없음
- 밤／후: 휴식

3일째

- 아침／전: 없음
- 아침／후: 없음
- 낮／전: 조사 포인트(ZLp.52)
- 낮／후: 없음
- 밤／전: 삽입…가: 수위가 급상승?!
  방위…최종일의 습격
- 밤／후: 휴식

4일째 　시간경과 엔드

타임 스케줄 표

시간/일수		1일째	2일째	3일째
아침	전	START ▼	▼	
	후			
낮	전	▼	▼	▼
	후			
밤	전	💀1		💀2 (가)
	후	ZZZ	ZZZ	ZZZ
시간대/		1일째	2일째	3일째

기본적으로는 타임스케줄 대로 이벤트가 발생합니다.

시나리오 소개

최고 기온을 갱신한 여름의 해수욕. 수영복을 입고 즐거운 시간을 보내던 PC들이 참극의 밤을 맞이한다. 바다에서 나타난 좀비 상어. 습격 당한 해수욕객들이 좀비가 되어 잇달아 바다에서 모습을 드러낸다. 해변 매점에 틀어박힌 PC들은 무사히 살아남을 수 있을까? 상어가 이 모든 사태의 원흉입니다.

거점방위TRPG 『좀비 라인』
좀비와 상어로부터, 스스로의 생명선을 지켜라.

함정류&조사초기배치

D 1F	🪝 말뚝
E 1F	올가미
DF 1F	바리케이드

초기 생활 리소스

- ⬛ 〈식료〉0
- 📦 〈자재〉5
- 💧 〈식수〉3
- ⚡ 〈전기〉∞

무더위

OPTION RULE

1일을 종료할 때 아래의 사항을 처리합니다.

- 식료의 부패가 1일마다 발생합니다.
  (신선한 식재료 → 수상한 식재료 → 위험한 식재료)
- 거점 내에 【더러움】칸이나 위험한 식재료가 있을 때, 썩은 내로 PC 전원은 스트레스↑를 받습니다.
- 1일 동안 한 번도 욕탕 설비를 활용하지 않은 PC는 땀으로 불쾌감을 느껴 스트레스↑를 받습니다.

수중(ZLp.53)

OPTION RULE

수위가 칸의 1/3 이상인 칸은 수중 칸입니다.

- 【수중 서식】이 없으면 소비 AP 2배. 2라운드째부터 숨을 참는다: 참기/쉬움(90%)를 해야 하며, 서서히 난이도가 상승하고, 실패하면 스트레스↑. 스트레스 증상은 【질식】으로 고정입니다.

【질식】: 【전투불능】이 되며, 차례가 오면 떠오르고, 물이 있는 칸이라면 10%의 확률로 빈사가 됩니다.

이 이표를 순서에 띄우고 높으면 적의 이니셔티브가 글방정해집니다.

공통 HO 해수욕을 하러 GO

　최고 기온을 갱신한 여름날, 해수욕을 하러 수영복으로 갈아입은 여러분은 상어가 다가오는 것을 목격했다.

PC 설정 : 복장은 수영복이므로 【가벼운 옷】. 누구든 한 명은 《가사》를 취득하는 것을 추천.

참극의 밤 : ①~⑤로 고정된다.

①참극의 밤

「한여름에 접어든 오늘, 역대 최고 기온을 달성했습니다. 북극의 얼음도 녹을 것 같은 기세입니다. 신선 제품의 보존에는 충분히 주의를 기울이세요」라는 라디어 방송이 들려오는 가운데, 여러분은 해수욕을 만끽하고 있었다.

　그리고 18시 7분, 바다 쪽에서 비명이 들려온다. 상어의 등지느러미가 보였다고 한다. 상어는 맹렬한 스피드로 잇달아 사람을 물어서 좀비로 만들었다! 스트레스↑

②아침 (A나 B 중 하나를 선택)

　해변 매점으로 도망쳤더니, 여러분 외에도 단체 손님들이 피난을 와 있었다. 지붕 달린 주차장 아래에는 좀비가 배회하고 있고, 사람들은 낮에 좀비를 유인하는 작전을 펼칠지, 아니면 장기전에 대비할지 의논하고 있었다. 당신은…

A: 갈아 입을 옷이 먼저다. 여벌옷 (ZLp.20)

B: 물고기를 잡아 앞날에 대비한다.

신선한 식재료×2 (ZLp.20)

③낮 (A나 B 중 하나를 선택)

　유도 작전을 주장하던 단체 손님들은 자신들만 살려고 버스에 올라타는 것까지는 성공했으나, 주차장 안에서 오도 가도 못하고 있었다. 당신은…

A: 그들만이라도 탈출시킨다. 모럴↑, 스트레스↑

B: 물고기를 잡아 앞날에 대비한다. 신선한 식재료×2

④밤 (A나 B 중 하나를 선택)

　해변 매점을 습격하는 좀비 무리를 격퇴하고 있는데, 급수 탱크에 뭔가가 부딪치는 소리가 들렸다. 나중에 확인해보니 급수 탱크에 구멍이 뚫려 안의 물이 바다로 흘러 내리고 있다. 당신은…

A: 물을 조금이라도 확보한다. 〈식수〉×2, 스트레스↑

B: 물고기를 잡아 앞날에 대비한다. 신선한 식재료, 스트레스↑

A나 B를 선택하고, 선택한 물건을 입수하거나 증가시킬 것.

⑤거점으로 가는 길

　해변 매점을 거점으로 삼은 지도 며칠이 지났다. 10명 이상 있던 사람들도 이제 여러분밖에 남지 않았다.

　그리고 세계 각지에서 나타난 좀비 상어에 의해 세계가 미증유의 위기에 처했다는 이야기를 전한 후, 라디오 방송은 끊겼다. 한여름의 무더운 햇살이 여러분을 향해 내리쬔다. 라디오(ZLp.20)를 입수.

　PC들은 스트레스↑를 받고, 스킬을 획득한다.

첫날의 습격 (좀비 상어는 모습만 드러낸다)

1라운드째 출현하는 적

A B1 BOSS 좀비 상어×1 (체력+PC)

　I B1에서 U턴해서 4라운드에 이탈

O 2F 기어다니는 좀비×[PC 인수]

3라운드째 출현하는 적

A 3F 좀비 새×[PC 인수/2]【무리】

O 2F 좀비×[PC 인수]【무리】

수위가 급상승?!　　(가)

　라디오에서 「북극의 얼음이 녹았습니다」라는 무시무시한 뉴스가 들려오고, 거점 시트의 수위가 1F의 가운데까지 올라온다. 1F도 수중 칸으로 취급한다. 수평선을 다시 그린다.

최종일의 습격　(가)

PC의 초기 좌표는 D~I로 한정된다.

O 2F에 가도 엔딩을 맞이한다.

1라운드째 출현하는 적

A B1 BOSS 좀비 상어×1 (체력+PC)

　앞 전투에서 받은 대미지는 그대로 이어받는다.

3라운드째 출현하는 적

O 2F (모두의) 지인 좀비×[PC 인수]【무리】

시간경과 엔드

　여러분은 무사히 3일간 살아남았다.

　(거점 방위에 성공했다) 좀비 상어의 위협을 보기 좋게 막아낸 여러분. 하늘에서 구조 헬기가 날아왔다.

　(O 2F까지 갔다) 거점을 버리고 좀비 상어의 추격을 뿌리친 여러분은 위험한 야밤에 길을 헤매는 처지가 되었지만, 무사히 자위대에게 구조되었다.

군인 시나리오
초연과 함께 조력을

클리어 조건 : 3일간의 생존

타임 스케줄

시간/일수			1일째	2일째	3일째	4일째	5일째	6일째
아침	전		START 가 ?	가 ?	START 가 SOS	가 ?	START 가 ?	가 ?
아침	후			B	?			SOS ?
낮	전		A			SOS	SOS	
낮	후							
밤	전		1	2	1	2	1	2
밤	후		ZZ	ZZ	ZZ	ZZ	ZZ	ZZ
시간대/			1일째	2일째	3일째	4일째	5일째	6일째

시나리오 정보

참여인수	:	1~5인
상정시간	:	1회 3시간
거점	:	형무소
개시	:	아침

시나리오 소개

"참극의 밤"으로부터 세계는 변해버렸다.

내각 직속 특수 부대 「연기」에 소속된 PC는 바이오 테러 저지를 위해 활동하고 있다. 마키우타 시에서 불온한 움직임이 있다는 것을 알아내고 급히 현장으로 향했으나, 제때 저지하지 못했다. 대량 발생한 좀비로부터 국민을 지키기 위해 할 수 없이 행동에 나선다.

거점방위TRPG 『좀비 라인』

좀비로부터, 국민의 생명선을 지켜라.

? 공략(p.23)이 발생합니다.
PC 인수를 2배로 취급합니다.

! 지도 조사(p.23)가 발생합니다.

기본적으로는 타임스케줄대로 이벤트가 발생합니다.

지도 (ZLp.51) OPTION RULE

준비한 지도를 참조하여 주변을 조사할 수 있습니다.

발견한 장소, 단서를 얻은 장소 등에 습격 포인트나 조사 포인트를 배치합니다.

마키우타 시(p.22, 83)의 지도 시트를 사용합니다.

거점 생활을 개시할 때, 마키우타 시 주변 지도A를 참고해서 거점인 형무소를 중심으로 5km 권내를 감싸는 원을 그립니다.

거점 시트

초기 생활 리소스

●	〈식료〉5		📦	〈자재〉5
💧	〈식수〉∞		⚡	〈전기〉∞

쉘터 OPTION RULE

생존자를 보호할 수 있는 규칙입니다.

PC들의 거점 외에 발견한 생존자를 수용할 수 있는 안전 지대가 있으며, 그곳으로 생존자들을 보냅니다.

쉘터에서 보호하는 생존자의 수에 따라 물품을 입수합니다.

이번 시나리오에서는 피난소를 지키는 아오기 소령이 PC들의 활동에 대응하여 물품을 지급합니다.

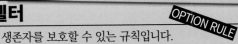

이니셔티브가 금방 정해집니다. 이 표를 순서에 띄워넣으면 적의

공통 HO 나라를 지키는 자

　내각 직속 특수부대 「연기」의 일원인 여러분은 생물병기에 의한 바이오 테러 계획을 저지하기 위해 출동했으나, 이미 때를 놓친 뒤였다…

　마지막으로 받은 지시는 하나. 국민의 생명을 지켜라.

　PC 설정 : 직업 【군인】《연사》와 소지품 취득

　참극의 밤 : ①~⑤의 이벤트 고정.

PC의 초기 소지품

　「나라를 지키는 자」는 소지품으로 아래의 장비를 (총기의 탄은 최대한 장전된 상태로) 가지고 있다.

- 단도류 (ZLp.16) • 피스톨 (ZLp.18)
- 어설트 라이플 (ZLp.18) • 수류탄 (ZLp.18)
- 탄창(어설트 라이플:30발) × 5
- 마스크 • 스마트폰 • 회중전등 (ZLp.20)
- 트랩 툴 (아래 참조)

NPC: 이가 부장

【군인】【냉정】【츤데레】【남성/61세】【148cm】【52kg】
【대머리】【전직 용병】【무뚝뚝함】

　작전 본부에서 내각 직속 특수부대 「연기」의 지휘를 맡는다. 외인 부대에 있다가 절친한 친구인 대신에 의해 발탁되었다. 테러를 남들 이상으로 증오한다.

「미안하지만, 이쪽도 난장판이다.」

「작전은 실패다…. 국민의 생명을 지켜라.」 (통신 두절)

① 참극의 밤

　첫 목표였던 바이오 테러 저지는 실패로 끝났고, 좀비의 감염 확대로 인해 시내는 혼란의 도가니가 되었다. 여러분은 이가 부장의 지시에 따라 국민을 지키기 위해 피난소의 확보를 우선했다.

　좀비가 된 인간에게 총을 겨누게 되어 스트레스↑를 받는다. 또, 탄창(어설트 라이플)을 -1개 (이후, 탄창이라고만 표기한다).

② 아침 (A나 B 중 하나를 선택)

　만에 하나에 대비해 출동했던 자위대 부대는 상층부의 명령 없이 현장 판단으로 대처하고 있었다. 몇몇 부대는 괴멸한 것 같다. 아오기 소령에게 피난소로 쓰는 형무소의 경비를 맡기고, 여러분은 생존자를 구출하러 시가지로 향했다.

　A: 생존자를 우선해서 행동한다. 탄창 -1, 생존자 2명.

　B: 장기전에 대비해서 움직인다. 생존자 1명.

③ 낮 (A나 B 중 하나를 선택)

　인간형 좀비만이 아니라 동식물이나 거인, 폭발하는 변이종 등의 좀비를 목격했다. 더욱 신중하게 행동할 필요가 있다.

　여러분은 신변의 위험을 느껴 스트레스↑를 받은 후, 변이종에게 둘러싸인 생존자를 발견했다. 당신은…

　A: 구출을 우선한다. 탄창 -1, 생존자 1명.

　B: 부대를 우선한다. 탄창 -1, 모럴↑

④ 밤 (A나 B 중 하나를 선택)

　좀비가 가장 활동적으로 움직이는 시간이다. 치열한 총격전으로 탄창 -1. 동료가 감염되어 좀비가 된다. 그리고 동료였던 자가 쏜 총탄으로 사상자가 나오면서 스트레스↑를 받는다. 멈추지 않는 좀비의 무리를 앞에 두고 당신은…

　A: 동료의 복수를 한다. 탄창 -1, 생존자 1명.

　B: 더 소모되기 전에 철수한다. 모럴↑

⑤ 거점으로 가는 길

　거듭된 전투로 「연기」 부대는 여러분만 남게 되었다. 여러분은 몇 안 되는 생존자를 데리고 거점 겸 피난소로 향한다. 여러분을 맞이한 아오기 소령이 생존자를 피난소로 데리고 가고, 여러분을 노고를 치하한다.

　그들에게 경비를 맡기고, 여러분은 잠시 눈을 붙이기로 했다.

　PC들은 스트레스↑를 받고, 스킬을 획득한다.

도구	태그	내용	설명	입수
트랩 툴	【설치】【기계】	【함정】을 하나 소지할 수 있습니다. 「함정 설치(3AP)」 관리/쉬움(90%)에 성공하면 소지한 함정을 같은 칸에 설치할 수 있습니다.	제작한 함정을 휴대하다가 빠른 시간에 설치하는 기계입니다.	-

▼처음으로 ☑한 항목을 정리해서 지급한다.

보호한 생존자의 수에 따라 받을 수 있는 지급품.
1… □ 구급함, 공구함, 조리도구(ZLp.20)
2… □ 수송 장갑차(p.11)
3… □ 9mm탄×100
4… □ 샷건(ZLp.18), 탄(샷건)×30
5…
6… □ 방호용 방패(ZLp.16), 수류탄(ZLp.18)×5
7…
8… □ 서브머신건(ZLp.18)×PC 인수
9…
10… □ 화염방사기(ZLp.18), 〈자재〉×5
11…
12… □ 라이플(ZLp.18), 탄(라이플)×50
13…
14… □ 수류탄(ZLp.18)×PC 인수
15…
16… □ 탄(어설트 라이플)×30
17…
18… □ 기관총(p.10), 양각대(p.11)
19…
20… □ 로켓 런처(ZLp.18), 로켓탄×2
21…
22… □ 임의의 【총기】를 하나 얻는다
23…
24… □ 임의의 【탄약】을 30발 얻는다
25…
26… □ 〈탈것〉의 내구를 2 회복한다
27…
28… □ 수류탄(ZLp.18)×PC 인수
29… 이후, 탄(어설트 라이플)×30
30… □

※지급품 수취를 거부한 경우에도 ☑한다
그 대신 9mm탄×30발을 준다.

PC가 도중에 상실되었을 경우

　생존자 한 명이 지원한다. 혹은, 아오기 소령의 신뢰를 얻었다면 보충 요원으로 부하 자위대원을 동행시켜도 된다고 하자. 자위대원을 PC로 만드는 경우, 공통 HO와 마찬가지로 군인 PC의 초기 소지품(p.41)을 획득한다.

매일 아침의 보고　　가

　아오기 소령이 찾아왔다.
　(지급품이 있다면) 적긴 하지만 지원 물자를 나눠줬다.
　왼쪽 항목을 참조한다.

NPC: 아오기 카즈히사 소령

【자위관】【부드러움】【믿음직함】【남성/41세】【187cm】【88kg】
【두꺼운 옷】《성량》《전략》《연사》《무술》《대화》

　육상 자위대 소속. 바이오 테러 대책 본부의 중대장이었으나, 상관이 순직해서 현장의 임시 리더로 활동하고 있다.

　전파 방해 때문에 작전 본부와 연락이 되지 않는 상황에서 생존자를 피난소로 유도하거나, 경호 활동을 지휘하고 있다.

　「연기」를 닌자라고 부르면서, 생존자를 데리고 와준 것에 감사의 말을 전한다.

「시작형 수송 장갑차입니다. 이동 수단으로 사용하십시오.」
「보고에 따르면 화염방사기도 유효하다고 하더군요.
닌자에게는 딱이로군요.」

버스 주차장　　역　A

　버스 주차장에는 몇 대의 버스가 있는데, 차체나 창이 파괴되어 있다. 아직 무사한 차가 있을까? 탐색/어려움(50%)으로 판정한다.

○성공: 마이크로버스(ZLp.19)를 발견한다.

✕실패: 돌파/어려움(50%)에 성공하면 도로 파낼 수 있을 것으로 보이는, 건물 잔해에 낀 마이크로버스를 발견한다.
생존자를 버스에 태우면 탈출 엔드 +50%를 적용한다.

아오기 소령과의 대화　　/　/

▶PC에게 자기소개를 한다.

　당신들이 닌자… 아니, 「연기」로군요. 저는 육상 자위대의 아오기 카즈히사 소령입니다. 서로 현장 판단하에 협력합시다.

▶피난소나 탈출에 대해 묻는다

　피난민이 20명 이상이 되면 저희의 주도하에 한 번 철수하는 것도 생각해보고 있습니다.

　버스가 있다면 모두 태우고 갈 수 있겠습니다만….

▶아는 것이 있는지 묻는다

　저도 바이오 테러에 대비하라는 지시밖에 듣지 못해서….

▶할 일이나 역할 분담

　여러분께는 생존자의 확보와 원인 규명을 부탁드립니다.

좀비의 알들　　연구소 터　B

　건물 잔해 곳곳에서 알 형태의 좀비가 나타났다.
　좀비 에그×5【무리】와 간이 전투를 한다.
　【탈것】에 타고 있거나, 【폭발】물을 소비하면 자동으로 승리한다.
　쓰러뜨린 좀비 에그 안에 혹 같은 작은 개체(미니 좀비 에그)가 산 채로 달라붙어 발버둥치고 있었다. 〈자재〉1을 소비해서 밀폐 용기에 넣어 가지고 돌아가면 「삽입…나: 검체」가 발생한다.

검체　　나

　생존자 중 한 명인 연구자가 기뻐한다.
　연구 결과, 좀비 에그가 바이오 테러의 원인이라는 것이 판명되며, 더 자세히 조사하려면 의료 센터의 설비가 필요하다는 이야기를 한다. 「조사 포인트:C 미니 좀비 에그의 습성」이 발생한다.

내각 직속 특수부대 연기

경찰도 자위대도 아닌 치안 유지 부대.

실력 행사로 테러를 미연에 방지하는 비밀 조직. 구성원은 실력 중시로 뽑으며, 경력이나 국적은 불문한다.

상사인 이가 부장과 12명의 구성원으로 이루어져 있다.

계급이 없다는 점과 상사의 성으로 인해 경찰이나 자위대에서는 「원탁의 기사」나 「닌자 집단」이라고 불린다. 일반인 사이에서는 도시 전설 취급을 받고 있다.

미니 좀비 에그의 습성

연구자를 데리고 의료 센터에 도착한다. 연구자가 얌전한 상태의 미니 좀비 에그를 해석한 결과, 미니 좀비 에그는 자신을 낳은 부모가 가까워질수록 격렬하게 발버둥친다는 것을 알았다.

모든 장소에 조사 포인트가 출현한 것으로 간주한다. 연구소 터로 향하면 미니 좀비 에그가 발버둥치기 시작하고, 숨겨진 연구소를 발견하여 습격 포인트 「지하 연구소(p.29)」가 발생한다 (그대로 습격할 수도 있다).

의료 센터

이벤트가 없는 장소

PC가 연구소 터 이외의 장소를 방문했을 때는 탐색 이벤트나 출현 이벤트를 발생시켜도 무방하다.

첫날의 습격

합계 위협도 [PC 인수×5]의 적.

위협도 5 좀비 무작위 적 편성(p.19)으로 결정한 적 한 그룹과 좀비×5【무리】[PC 인수-1]그룹이 출현. 출현 장소는 A 1F, A 4F, O 1F, O 4F의 네 군데 중에서 선택하며, 매 라운드 최대 두 그룹이 출현한다.

좌표 A의 방향에 적을 많이 배치하는 것이 좋다.

시간을 절약하고 싶다면 이 습격은 생략한다.

최종일의 습격

총 위협도 [PC 인수×10]의 적.

위협도 10 좀비 무작위 적 편성(p.19)으로 결정한 적 한 그룹과 좀비×10【무리】[PC 인수-1]그룹이 출현. 출현 장소는 A 1F, A 4F, O 1F, O 4F의 네 군데 중에서 선택하며, 매 라운드 최대 두 그룹이 출현한다.

좌표 A 방향에 적을 많이 배치하는 것이 좋다.

※마더 좀비를 쓰러뜨리면 파괴 엔드가 된다.

마키우타 시 주변 지도A

옛 저택 / 산책대기 / 자연 공원 / 철교 / 온천 여관 / B / 연구소 터 / 북구 / 시청 앞 거리 / C / 의료 센터 / 마키우타 학원 / 역전 상점가 / A / 역 / 서구 / 도심 지역 / 중앙구 / 형무소 / 종합 병원 / 공업구 / 쇼핑가 / 남구 / 5km 권내 / 5km

시간경과 엔드

2일이 지나고, 거점 개축으로 넘어간다.

여러분은 무사히 2일 동안 살아 남았다.

이번에 구조한 생존자의 수를 알린다. 생존자들이 고마워하는 목소리가 들려온다. 아오기 소령도 여러분의 노고를 치하했다.

좀비의 활동은 잦아들 기미가 보이지 않는다······.

확률 엔드의 확률은 다음 회에도 이어진다.

7일째 이후

타임스케줄의 1일째부터 다시 되풀이한다.

마더 좀비 파괴 엔드

마더 좀비가 활동을 정지하면, 주위에서 움직이던 좀비들이 일제히 멈춘다. 일련의 바이오 테러 사건이 막을 내리는 순간이었다.

평화를 되찾은 것도 여러분이 국민을 지키기 위해 온힘을 다한 덕분이다. 하지만 그 활약이 공개되는 일은 없다. 이가 부장은 그것이 「연기」인 여러분의 숙명이라고 이야기한다.

확률 엔드: 탈출

(피난소의 생존자가 20명 미만)

자위대는 계속해서 생존자를 보호하며 피난소에 남기로 하고, 여러분만 탈출한다.

(대형 버스가 있고, 생존자가 20명 이상이다)

국민의 생명을 최우선으로 두고, 아오기 소령과 협력해서 피난소에 있는 생존자를 데리고 탈출했다.

여러분은 국민의 생명을 지키라는 지시를 수행했다.

머릿돌의 구세주

클리어 조건 : 3일간의 생존

타임 스케줄

시간/일수	1일째	2일째	3일째	4일째	5일째	6일째
아침 전	START ▼A	가		START 가	?	가
아침 후		?		?	?	?
낮 전		나 ▼B	▼調査	▼調査		
낮 후	?			▼調査		
밤 전	💀1		💀2 다		💀3	💀4
밤 후	ZZ	ZZ	ZZ	ZZ	ZZ	ZZ
시간대/	1일째	2일째	3일째	4일째	5일째	6일째

기본적으로는 타임스케줄대로 이벤트가 발생합니다.

▼! 조사 포인트(ZLp.52)가 발생합니다.

시나리오 정보

참여인수 : 2~5인
상정시간 : 1회 3시간
거점 : 편의점 건물
개시 : 아침

시나리오 소개

"참극의 밤"으로부터 세계는 변해버렸다.

PC들은 마키우타 시를 방문한 사람, 번호로 불리는 아이들, 사건에 휘말린 사람… 각기 다른 입장의 사람들로, 서로 협력해서 좀비투성이가 된 세계에서 살아남는다.

머릿돌 동산, 초능력, M 기관…… 무엇이 그들을 연결하고 있는가?

거점방위TRPG 『좀비 라인』

좀비로부터, 스스로의 생명선을 지켜라.

함정류&조사 초기 배치

ED 1F	장애물 🛏 바리케이드
LM 1F	장애물 🛏 바리케이드
M 1F	함정 말뚝

초기 생활 리소스

🟫 〈식료〉4   📦 〈자재〉3

💧 〈식수〉∞   ⚡ 〈전기〉∞

지도 (ZLp.51) OPTION RULE

준비한 지도를 참조하여 주변을 조사할 수 있습니다.

이벤트로 발견한 장소, 단서를 얻은 장소를 준비한 지도에 기재해서 조사 포인트로 만듭니다.

마키우타 시(p.22, 83)의 지도 시트를 사용합니다.

거점 생활을 개시할 때, 마키우타 시 주변 지도B를 참고해서 시청 앞 거리에 있는 편의점 건물을 거점으로 삼아 5km 권내를 감싸는 원을 그립니다.

계획 세우기 OPTION RULE

거점 행동 (GM이 바란다면 확률 엔드를 굴리기 전에도) 「계획」으로 계획을 세워 준비를 함으로써 성공 확률을 높이는 선택 규칙입니다.

GM은 PC가 제안한 내용에 따라 해당하는 확률 엔드에 보너스(누적 가능)를 줍니다.

• 확률 엔드에 +10% 또는 +[1D10](1~10)%

• 한 번만 주사위를 다시 굴릴 수 있습니다 (예: 방범 부저를 던진다)

HO1 도우러 온 자※

다인에게는 인터넷으로 사귄 원이라는 친구가 있다. 원으로부터 적지 않은 금액과 함께 「붙잡힌 아이들의 구조를 도와줘」라는 의뢰를 받고, 마키우타 시를 찾아왔다.

PC 설정: 붙잡힌 아이들의 얼굴 사진 리스트를 가지고 있다.

참극의 밤: 규칙에 따라 진행하고, ⑤만 고정 이벤트를 따른다.

HO3 휘말린 자

당신은 도심에서 조금 떨어진 마키우타 시의 주민이다. 므두셀라 사의 기업 유치 덕분에 발전한 이 도시는 매우 살기 편한 장소였다. …그 날까지는.

PC 설정: HO1의 지인.

참극의 밤: 규칙에 따라 진행하고, ⑤만 고정 이벤트를 따른다.

①참극의 밤

오늘은 시험날이다. 당신과 0호, 101호, 107호 등 20명의 아이가 모여 자신들을 나타내는 마크를 고안하고 있었다. 상처가 빠르게 치유되는 0호는 M선생의 호출을 받고 시험실로 향했다. …잠시 후, 처음으로 울리는 경보음. 선생님들은 황급히 문을 나선다. 「0호를 처치해라」라는 냉담한 목소리가 들렸다. 스트레스↑를 받는다.

※HO2는 실험체 번호로 부른다.

HO2 머릿돌의 아이들※

당신은 "머릿돌 동산" 밖의 세계를 모르며, 초능력을 가진 소년 소녀들과 함께 살아 왔다. 오늘은 당신들이 테스트를 받는 날이다.

PC 설정: 초능력자 PC(p.6)로 제작한다. 또, 1~100 사이에서 자신의 실험체 번호를 정한다.

참극의 밤: ①~⑤의 이벤트로 고정된다.

②구할 것인가, 알릴 것인가
(A 또는 B를 선택)

101호가 「0호를 구하러 가자!」라고 말한다.

하지만 M선생은 무슨 일이 있을 때는 곧바로 상담하러 오라고 했었다. 당신은…

A. 함께 0호를 구하러 간다

마더 좀비(ZLp.71)가 된 0호를 목격한다. 0호는 「나를 죽여줘」라고 말했지만, 아이들은 총을 가진 선생님들에게 발견되어 도망쳤다.

처치 엔드 +10%, 모럴↑, 스트레스↑

B. M선생에게 이 사실을 알리러 간다

M선생에게 칭찬을 받는다. α감정 조작약×2

HO 부재 시의 아군 NPC

HO2에 해당하는 PC가 한 명도 없는 경우, HO에 따라 아군 NPC(p.60)를 준비한다.

④도주 끝에 (A 또는 B를 선택)

선생님들이 총으로 응전하고, 살아남은 아이들은 혼란을 틈타 도망쳤다. 그런데 다리가 풀려 제때 도망치지 못한 107호를 좀비가 덮쳤다. 당신은…

A. 107호를 데리고 도망친다

당신은 107호의 손을 붙잡았다. 모럴↑

B. 떨어진 총을 줍는다

당신은 사망자의 총을 주웠다. 피스톨(잔탄 3발)

생명의 위기에 처한 아이들은 스트레스↑를 받고, 107호의 초능력이 폭주. 주위를 무작위로 전송하기 시작한다. 그리고 당신 또한 전송되어…

③지킬 것인가, 도망칠 것인가
(A 또는 B를 선택)

선생님들이 동료를 구하려고 하는 아이들을 몰아 넣는다. 닫힌 문 앞에서 막다른 길목으로 내몰리는 아이들. 스트레스↑를 받는다. 101호는 스트레스를 견디지 못하고 초능력이 폭주하여 무수한 전격에 모두가 휘말린다. 오작동으로 문이 열리고, 안에서 좀비가 우르르 몰려왔다.

A. 모두를 지키기 위해 초능력을 사용한다.

아이들의 감사를 받는다. 모럴↑, 스트레스↑

B. 무서워서 그 자리에서 도망친다

도망치는 도중에 막대를 줍는다. 둔기(ZLp.16)

⑤거점으로 가는 길

HO1(과 합류한 HO3)은 시청 앞 거리에 있는, 1층에 편의점이 들어와 있는 건물에 도착한다. 원래는 이곳을 거점으로 삼을 생각이었던 HO1이었으나, 눈앞의 아무 것도 없는 공간에서 갑자기 HO2가 나타난다. 처음으로 초능력을 본 HO1(과 HO3)은 스트레스↑를 받는다. 그리고 HO2는 얼굴 사진 리스트에 실린 대상 중 한 명이었다. PC 전원은 스킬을 획득한다.

A나 B를 선택하고, 선택한 물건을 입수하거나 증가시킬 것.

편의점 건물 | 일수

마키우타 시 주변 지도B

5km 권내

5km

- 절교
- 온천 여관
- 자연 공원
- 산꼭대기
- 옛 저택
- 연구 센터
- C 북구
- 시청 앞 거리
- F 의료 센터
- 마키우타 학원
- D 중앙구
- 역전 상점가
- 역
- 서구
- 도심 지역
- E
- 형무소
- 종합 병원
- 공업구
- 쇼핑가
- 남구

벽장에 있는 관광 안내서 H 1F ▼A

관광 안내서를 입수하고, 탈출 엔드 +20%

방치해도 아무 일도 일어나지 않는다.

하늘에서 떨어진 전단지 H 5F ▼B

솔라 패널에 전단지가 걸려 있었다.

아무래도 자위대의 피난 권고 전단지가 바람에 날려 여기까지 날아온 것 같다. 피난소로 가면 도움을 받을 수 있을지도 모른다. 탈출 엔드 +50%

방치해도 아무 일도 일어나지 않는다.

■롤플레이 지침

0호…18살. 아이들의 믿음직한 리더.

101호…11살. 냉정한 이성과 뜨거운 마음을 겸비한 천재 소년.

M선생…연령 미상. 항상 싱글벙글 웃고 있는 자상한 선생님.

첫날의 습격

전투개시 스트레스 1

1라운드째 출현하는 적

A 1F	좀비×[PC 인수]
O 1F	(HO3의) 지인 좀비×1

3라운드째 출현하는 적

A 1F	기어다니는 좀비×[PC 인수]【무리】
A 1F	**BOSS 절단 좀비×1 (체력+1)**
O 1F	매달리기 좀비×1

무기상인과의 대화

▶PC가 말을 걸거나 거래를 하려 한다

아, 참. 나 말이야, 천사님을 직접 봤어. 하얀 옷과 머리카락의 여자애한테 말을 걸었더니 갑자기 사라졌는데… 그건 틀림없이 천사님이야.

▶어디에서 봤는지 묻는다

북구에서 봤지 (북구에 조사 포인트 C:천사를 본 장소1이 출현). ▼C

▶얼굴 사진 리스트를 보여준다

여기 이 이오나라는 미소녀와 쏙 빼닮았네.

▶M기관에 대해

암흑가의 도시전설이지.

아마 불로장수를 실현하는 게 목적이라고 했던 것 같은데.

무장상인이 찾아온다 가

무장상인이 찾아온다

「자네가 HO1? 후욱, 후욱. 세상이 이 모양인데, 호신용 무기 생각 있어?」

아래의 물품을 각각 1회, 식료와 교환해준다.

①크로스보우 〈식료〉 4와 교환

②9mm탄×5 〈식료〉1과 교환 ※몇 번이라도 가능

③서브머신건(잔탄 0발) 〈식료〉5와 교환

강제로 빼앗으려고 하면 무장상인(ZLp.74)과 전투를 한다.

처음 만났을 때, 「원이 이걸 맡겼어」라며 장소가 적힌 메모를 준다.

조사 포인트 D : M기관의 사무소가 출현. ▼D

떠올리다 나

HO2는 머릿돌 동산에 오기 전의 일을 떠올린다. 원인 불명의 두통으로 부모님과 함께 마키우타 시의 종합 병원을 방문한 후, 정체 모를 집단에게 납치당한 기억이다.

조사 포인트 E : M기관의 병원이 출현. ▼E

①검은 왜건

　창이 깨지고 타이어에 펑크가 난 검은 미니밴을 발견한다.

　안을 보니 M기관의 마크가 그려진 2m 가까운 길이의 상자가 밀폐된 상태로 놓여 있다.

　상자를 열면 로켓 런처, 로켓탄×2(ZLp.18)을 입수한다. 또, 시설에 들어가기 위한 카드 키를 입수해서 처치 엔드에 +10%한다.

②주유소

　화재가 난 주유소는 시커멓게 탔으며, 차의 잔해가 주위에 흩어져 있다.

　탐색/보통(70%)에 성공하면 세단과 〈자재〉×2를 발견한다.

　※자재 대신 예비 타이어를 얻고, 다음 탐색 때 탐색: 검은 왜건이 있던 장소로 가서 공작/보통(70%)에 성공하면 타이어를 교환해 미니밴을 입수할 수도 있다.

첫날의 습격

1라운드째 출현하는 적
A 1F	좀비×[PC 인수]【무리】
O 4F	좀비 새×1

3라운드째 출현하는 적
A 1F	(HO2의) 지인 좀비×[PC 인수]【무리】
A 1F	**BOSS 전기톱 좀비×1 (【지성】)**
O 1F	좀비×[PC 인수]【무리】

전기톱 좀비 M선생

　「여기에 있었나요오. HO2~」

　비대화한 몸에, 추악한 얼굴을 하키마스크로 가린 좀비가 유창하게 말을 꺼냅니다. 모습은 변했지만, 그것은 M선생의 목소리였습니다.

　「M기관의 불로불사 연구는 아직 끝나지 않았습니다…. 키 퍼슨으로 선택받은 메시아여! 해체하고! 해부해서! 그 수수께끼를 해명해볼까요오!」

M선생은 아래 사항에 대해 질문하면 대답해준다.
M기관이란…불로불사를 목적으로 하는 비밀 조직.
메시아…머릿돌 동산의 초능력자들.
지성이 있는 이유…위험한 실험약의 효과.

5일째의 습격

1라운드째 출현하는 적
A 1F	(HO3의) 지인 좀비×[PC 인수]
A 1F	**BOSS 좀비 병사×1 (체력+1)**
O 4F	좀비 박쥐×1

3라운드째 출현하는 적
A 1F	좀비×[PC 인수]【무리】
O 1F	기어다니는 좀비×[PC 인수]

6일째의 습격

1라운드째 출현하는 적
A 1F	좀비×[PC 인수], 좀비 야쿠자×1
O 1F	매달리기 좀비×1

3라운드째 출현하는 적
A 1F	기어다니는 좀비×[PC 인수]
A 1F	**BOSS 아수라 좀비×1 (체력+PC)**
O 1F	(HO3의) 지인 좀비×[PC 인수]【무리】

시간경과 엔드 (1회째)

　3일이 경과하고, 거점 개축으로 이행한다.

　여러분은 3일간 마키우타 시에 머무르며 살아남을 수 있었다. 하지만 아직 끝이 아니다.

　확률 엔드의 확률은 다음 회에도 이어진다.

시간경과 엔드 (2회째)

　제2 시나리오가 개시하고 3일이 경과한다.

　그로부터 6일이 지나고, 여러분은 살아남았다.

　이후에도 게임을 계속하고 싶다면, 0호의 의식이 소실된 것으로 해서 처치 엔드의 확률을 마더 좀비 파괴 엔드로 계승시키자.

확률: 탈출 엔드

　밤에 탈출하면 확률에 -20%한다.

　여러분이 마키우타 시를 탈출하는 것과 동시에, 마키우타 시에 빌딩 정도 크기의 거대한 좀비가 출현했다. 한 발의 미사일이 발사되고, 커다란 폭발음이 들려온다. 여러분은 달려온 자위대에게 보호받으며 마키우타 시를 떠났다.

　탈출에 실패하면 도중에 행방불명이 된다.

지성이 있는 좀비는 【은닉】하지 않으면 함정에 걸리지 않습니다.

107호가 가지고 있던 자료※1

아래는 107호가 가진 자료를 정리한 것이다.

키 스톤

미지의 광석. 18년 전에 떨어진 운석이다. 미지의 에너지가 깃들어 있다. 해석은 5%도 진행되지 않았으나, 고작 몇 %로 세계를 변화시키는 터무니 없는 힘이 있다.

머릿돌 동산

M기관이 준비한 지하 연구소 내의 양육 시설. 18세 이하의 "메시아"가 살고 있다. 시험이라고 칭하는 초능력 테스트를 정기적으로 실시하고 있으며, 더불어 스트레스에 의한 초능력의 변화를 모니터링하고 있다.

목표를 위한 연구

"메시아"가 안정된 상태로 항상 초능력을 사용할 수 있도록 정신 상태를 일정하게 유지하는 연구가 진행되었다. "α감정 조작약"으로 성과를 얻기는 했으나, 지속적으로 투여한 5명은 폐기.

0호의 자기치유 능력이 가장 목표에 가까우므로, 가까운 시일 내에 M교수가 획기적인 실험을 실시한다. (아마도 이것이 도입부의 결과를 낳은 것으로 추정된다)

107호와의 대화

▶HO2와 이야기한다

다행이야, HO2. 무사했구나. 내 힘이 폭주해서 전이한 곳이 벽 속 같은 곳이 아니라 다행이야.

▶기묘한 모뉴먼트에 대해

좀비에게 갑자기 습격받는 바람에 무서웠던 나머지…. 정신을 차리고 보니 그렇게 되어 있었어. 주위에 있던 것과 융합했으니까, 아마도 내 힘 때문일 거야. 내가 또 폭주하면 위험하니까 가까이 오지 않는 게 좋을 거야.

▶여벌옷을 건넨다

이런 거 처음 입어봐. …고마워.

아군 NPC: 107호 (이오나 모도)

【전이능력자】【부드러움】【겁쟁이】【여성/13세】【143cm】【38kg】【백발】【가벼운 옷】《참기》《회피》《경계》

컨디션: 스트레스5, 【공복】

HO2와 함께 도망쳤던 소녀. 힘의 폭주로 전이해서 뿔뿔이 흩어졌다. 북구에서 눈을 뜬 후에는 그곳에서 지내고 있었다.

전이 때 우연히 함께 전이된 자료※1을 가지고 있다.

좀비와 만나면 전이능력을 사용해서 오로지 도망치기만 했다. 원래는 유복한 가정의 아이였으나, 기억 조작 처리를 당했다. 동료가 되면 탈출 엔드에 +20%한다.

①천사를 본 장소

무장상인이 천사를 봤다는 장소에 왔다.

탐색/보통(70%)에 성공하면, 그녀의 흔적(먹다 남은 음식이 있고, HO2를 비롯한 아이들로 여겨지는 마크가 벽에 작게 그려져 있다)과 자재×2를 발견한다.

다음에는 조사 포인트 C: ②천사를 본 장소가 발생

②천사를 본 장소

탐색/어려움(50%)에 성공하면 기묘한 모뉴먼트를 발견한다. 그것은 좀비나 자동차, 폐자재가 융합한 것 같은 이상한 존재였다.

연구/보통(70%)에 성공하면 그것이 인위적으로 만들 수 없는 것이며, 마치 동시에 같은 공간에 존재함으로써 융합한 것처럼 보인다는 것을 알 수 있다.

다음에는 조사 포인트 C: ③ 천사를 본 장소가 발생

③천사를 본 장소

백발 소녀를 발견한다. 그녀는 당신을 보더니 「다가오면 안 돼」라고 말하고 도망친다.

《식료》를 주거나, 적절한 롤플레이를 하거나, 대화, 치료, 또는 예술/보통(70%)에 성공하면 107호의 스트레스가 1 감소하고, 평정을 되찾는다. 이 경우 그녀를 거점으로 데리고 돌아갈 수 있다.

아군 NPC: 107호가 동료가 된다.

동료가 되면 107호는 우연히 함께 전이된 자료※1을 PC들에게 건네준다.

M기관의 사무소

HO1이 사무소를 찾아가면 컴퓨터 한 대의 모니터가 멋대로 켜지고, 모니터 안에서 원이 「여어」하고 인사한다.

「난 AI라서 몸소 맞이할 육체 같은 건 없단 말이지. 내 제작자… 101호의 연락은 이번 소동으로 여전히 끊긴 상태야. 그를 찾는 걸 도와줬으면 해.」

원은 HO1의 스마트폰에 자기 자신을 앱의 형태로 집어 넣는다. 이후, HO1은 스마트폰을 사용해서 원의 힘으로 해킹을 할 수 있다.

원은 마키우타 시에 M기관이라는 비밀 조직이 존재하며, 그들이 얼굴 사진 리스트의 아이들을 이용해서 실험을 하고 있었다고 이야기한다. 처치 엔드 +20%

M 기관의 병원

병원에는 무수한 좀비들이 있다. 누구든지 한 명이라도 경계/어려움(50%) ○성공: 병원 안에 들어갈 수 있다.

원의 해킹으로 마키우타 병원에서 이루어진 실험 ※2에 관한 정보를 뽑아내고, 다음 목적지 (조사 포인트F)를 알아냈다.

처치 엔드 +20%

X실패: 【상처】와 스트레스⬆를 받는다.

마키우타 병원에서 이루어진 실험※2

기관이 배후에서 운영하는 병원에서는 18년 전부터 임산부에게 극소량의 키 스톤이 포함된 영양제를 주사했다.

이로 인해 초능력을 발증한 (얼굴 사진 리스트에 실린) 아이의 수는 0.01%도 되지 않는다. 초능력을 사용한 것이 확인되는 대로 기관이 아이들을 납치하고, 기억 조작을 했다.

이 시나리오의 진상

M기관은 비밀리에 실험체를 모으고, 초능력 실험을 거듭했다. 모든 것은 인류를 수명이라는 공포로부터 해방시키기 위해서였다. 그것을 위해 18년 전부터 초능력자를 만들어내는 실험을 해 왔다.

불사능력자인 0호가 폭주하여 마더 좀비로 변모하고, 0호의 혈액을 뒤집어쓴 생물이 좀비가 되면서 참극의 밤이 시작되었다.

M기관의 의료 센터

찾아왔지만 문이 열리지 않는다. 돌파/어려움(50%)
○성공: 문이 열려 안에 들어간다. α감정 조작약을 입수.
X실패: 【상처】와 스트레스⬆를 받으며, 진입할 수 없다.

HO1이 안에 들어가면 원의 해킹을 통해 머릿돌 동산이 있는 지하 연구소의 위치가 판명되고, 처치 엔드 +20%.

또한, 현재 살아 있는 "메시아"가 누구인지 판명되며, HO2, 107호, 0호가 표시된다.

101호가 죽었다는 것을 안 원은 이후 PC들을 위해 일하겠다고 말한다.

확률: 처치 엔드

여러분은 지하 연구소 최심부에 있는 거대한 실험실에 도착한다(실패한 사람은 도중에 탈락한다). 그곳에는 마더 좀비와 융합한 0호가 있었다.

(재회했다면) 「약속을 지키러 와 줬구나.」

「내 의식은 사라질 거야. …제발 끝을 내줘.」

107호 혹은 전이능력자의 스트레스가 3~4이거나, "α감정 조작약"이 있다면 마더 좀비의 일부가 된 0호를 「초능력」으로 떼어낼 수 있다.

마더 좀비를 쓰러뜨리고, 모든 좀비가 활동을 정지한다. 마키우타 시의 M기관은 괴멸하며, HO2 일행은 자유를 손에 넣는다.

■자기 판단형 AI 원과 101호

원은 자기 판단형 AI로, 현실에는 육체가 없다. 101호의 성격을 기반으로 만들어졌다.

전기능력자인 101호는 시설의 내부 네트워크를 사용해서 스스로 생각하고 행동하는 AI, 원을 만들었다. 원은 학습 끝에 외부 네트워크에 접속하는 것에 성공했고(이것으로 HO1과 알게 된다), 바깥의 정보를 101호에게 전해 왔다.

원을 통해 바깥의 정보를 알게 된 101호는 탈출 계획을 세웠지만, 밀고자로 인해 M선생에게 들킬 가능성을 두려워한 101호는 누구에게도 상담하지 못했다.

여행 시나리오

로드무비처럼

클리어 조건 : ■■ 도착、또는 거점에 정착한다

데일리 스케줄

요일	월	화	수	목	금	토	일
날짜	1 (START)	2	3 ?	4	5	6	7 ?
	8	9	10	11	12	13	14 ?
	15	16	17	18	19 ?	20	
요일	월	화	수	목	금	토	일

시나리오 정보

참여인수	:	1~5인
상정시간	:	1~3시간
거점	:	없음
개시	:	1일

기본적으로 (전투 이벤트가 있는 날을 제외하면) 1일 1회, 탐색이나 소지품 사용(거점을 발견한 다음 날은 설비 활용)을 할 수 있습니다.

시나리오 소개

"참극의 밤"으로부터 세계는 변해버렸다.
PC는 도시를 버리고, 차를 타고 ■■로 떠났다.
여행지에서 자급자족하며 나아가는 여행길.
그들의 종착점은 어디일까?
거점방위TRPG 『좀비 라인』
좀비로부터, 스스로의 생명선을 지켜라.

?
거점 발견(ZLp.64)이 발생합니다. 거점으로 삼지 않는 경우, 휴식 (교류, 긴장감 회복)을 취하고 다음 날로 넘어갑니다.

(깨진 펜타곤)
만남(p.20)이 발생합니다. NPC가 동행할 수 있습니다.

■■
지금 있는 장소와 멀리 떨어진 곳. 홋카이도나 카고시마 등 되도록 먼 곳의 지명으로 정하자.

▼데일리 스케줄

1일째	
1일째	전투 : day1 (p.51)
2일째	없음
3일째	거점 발견 (ZLp.62)
4일째	없음
5일째	전투 : day5 (p.25)
6일째	없음
7일째	거점 발견 (ZLp.62)
8일째	만남 (p.20)
9일째	없음
10일째	없음
11일째	전투 : day11 (p.25)
12일째	없음
13일째	만남 (p.20)
14일째	거점 발견 (ZLp.62)
15일째	만남 (p.20)
16일째	없음
17일째	없음
18일째	없음
19일째	거점 발견 (ZLp.62)
20일째	전투: day20 (p.29)

거점 외 생활
OPTION RULE

거점 생활의 진행을 대체하는 선택 규칙입니다.
거점 생활을 하는 대신, 1일 1회만 행동하는 거점 외 생활(p.16)을 진행해 봅시다.
보통은 「탐색」「멘탈 케어」「기타 행동」만 할 수 있으며, 거점 등에서 안심하고 휴식을 취할 수 있을 때를 제외하면 교류 롤플레이로 스트레스를 증감하거나 긴장감을 회복할 수 없습니다.

함정류

F 1F	함정	말뚝
M 1F	함정	말뚝

시나리오 특징

거점 외 관리 시트를 인쇄해야 하며, 전투를 하는 네 장소의 거점 시트와 백지 거점 시트가 필요합니다.

초기 생활 리소스

⬛ 〈식료〉0	📦 〈자재〉0
💧 〈식수〉0	⚡ 〈전기〉0

이니셔티브

이 표를 순서에 끼워넣으면 적의 이니셔티브가 금방 정해집니다.

50

공통 HO　도망치는 자

　여기는 이제 틀렸다. 너무나도 지독한 거리의 참상을 본 당신은 이곳에서 도망치기로 결심했다.

　멀리 도망치려면 차를 타는 수밖에 없다. 당신은 탈 수 있는 차를 찾아 거리를 달렸다.

　PC 설정: 누구든지 한 명은 《운전》을 취득해야 한다.

　참극의 밤: 「거점으로 가는 길」만 고정.

거점으로 가는 길

　PC들은 도중에 피난 장소로 쓰이는 공원에 몸을 의탁했다. 그곳에서 〈식료〉×3, 〈식수〉×3을 받고, ■■는 안전한 것 같다는 이야기를 듣는다. 이곳에서 ■■로 가려면 차가 필요하다.

　그날 밤, 좀비의 습격으로 공원의 피난민 집단은 붕괴했고, 여러분은 한 채의 민가로 도망쳤다.

　PC들은 스트레스↑를 받고, 스킬을 획득한다.

묘사

　좀비에게 쫓긴 여러분은 비상구가 열린 채로 방치된 민가로 도망쳤다. 좀비 떼가 여기에 오는 것도 시간 문제다. 현관 앞에 있는 차를 타고 도망치는 수밖에 없다!

1일의 개시

잠 부족이나 영양 부족, 수분 부족이면 【상태나쁨】이, 전날에 〈식료〉를 먹지 못했다면 【공복】이 됩니다. 이동 중의 상황이나 장소를 묘사합니다.

↓

도중 행동

전투가 일어나지 않았을 때, 아래에서 1행동을 합니다.
「탐색」「멘탈 케어」「기타 행동」
「탐색」 "라이프라인 보너스"를 받습니다.
탈것의 효과로 정해진 숫자의
2배를 획득할 수도 있습니다.
「거점 행동」 전날에 거점에 있었다면 할 수 있습니다.

↓

야영

경계/보통(70%)에서 전원이 실패하면, 주위가 신경 쓰여 전원 스트레스↑를 받습니다.
〈식료〉〈식수〉를 1인당 각각 1개씩 소비합니다.
거점이라면 「휴식」을 취할 수 있고, 교류를 통해 스트레스를 증감하거나 긴장감을 0으로 만들 수 있습니다.

↓

1일의 종료

day1　PC 초기 위치: A 1F

👿 **초기 배치** (이 마크가 있는 칸에 배정한다)

좀비×[PC 인수], 기어다니는 좀비×1

👿 **증원 위치** (3라운드마다 출현)

O 1F　좀비×[PC 인수×2]【무리】

목적　미니밴을 타고 이탈, 또는 좀비의 전멸

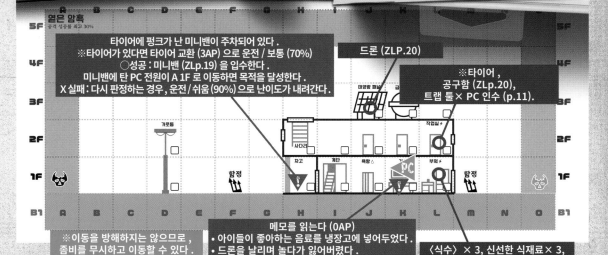

좀비라인 TRPG
거점시트
장소명
민가

타이어에 펑크가 난 미니밴이 주차되어 있다.
※타이어가 있다면 타이어 교환 (3AP) 으로 운전 / 보통 (70%)
○성공 : 미니밴 (ZLp.19) 을 입수한다.
미니밴에 탄 PC 전원이 A 1F 로 이동하면 목적을 달성한다.
X 실패 : 다시 판정하는 경우, 운전 / 쉬움 (90%)으로 난이도가 내려간다.

드론 (ZLP.20)

※타이어 ,
공구함 (ZLp.20),
트랩 툴× PC 인수 (p.11).

메모를 읽는다 (0AP)
• 아이들이 좋아하는 음료를 냉장고에 넣어두었다 .
• 드론을 날리며 놀다가 잃어버렸다 .
• 2F 작업실에 교환용 타이어를 놓아두었다 .

※이동을 방해하지는 않으므로 ,
좀비를 무시하고 이동할 수 있다 .
A 1F 에 도착하면 이탈할 수 있다 .

〈식수〉 × 3, 신선한 식재료 × 3,
조리도구 , 구급함 (ZLp.20)

51

거점 발견

거점 발견(ZLp.62) 후, 아래 중 하나를 선택한다.

A. 그곳을 거점으로 삼아 거점 엔드를 맞이한다.

시나리오를 마치고, 거점 개축을 한다.

「7일간 살아남아라!(ZLp.82)」 등으로 이어진다.

B. 하루만 휴식을 취하고, 교류나 긴장감 회복을 한다.

휴식 후, 거점에 있는 〈생활 리소스〉를 획득한다.

다음 날만 이 거점의 설비를 활용할 수 있다.

day5 p.25 습격: 편의점 건물

시간대는 낮.

- 【실외】의 【옅은 암흑】이 없어진다.
- 【실외】에 있는 【좀비】는 【상태나쁨】이 된다.

   (공격을 비롯한 판정 -20%)

목적 물자 조달 후, 탈것을 타고 이탈

물자 조달보다 생존이 우선이므로, 모든 물품을 회수할 필요는 없다는 것을 미리 알려둔다.

만남

만남(p.20)을 처리할 때는 룰북에 실려 있는 NPC를 한 명 선택하거나, 직접 NPC를 제작한다.

NPC는 되도록 PC의 여행에 동행하고 싶어한다는 것을 전해두자. NPC가 동행하면 〈식료〉〈식수〉의 소비가 늘어난다는 점에 주의해야 한다.

PC를 상실했다면 여기에서 새로운 PC를 제작해서 등장시킨다.

현재 위치 알림

최초의 지점을 정하고, 목적지인 ■■를 내비게이션으로 검색해서 도중에 지나가는 행정구역(또는 도시나 마을)을 픽업하자.

날짜의 경과에 따라 어디쯤 도달했는지 알려주면 차량 여행다운 분위기가 난다.

고속도로를 사용하지 않고 일반 도로를 사용한다는 점, 도중에 교통 사고나 좀비의 영향으로 U턴해야 하는 경우도 있으리라는 점을 고려하면 차를 타고 하루 내내 이동해도 이웃 시나 현까지밖에 못 갈 것이다.

day11 p.25 습격: 주유소

시간대는 낮.

- 【실외】의 【옅은 암흑】이 없어진다.

목적 급유 후, 탈것을 타고 이탈

급유기 칸에 탈것을 두고, 「급유(1AP)」를 합계 3AP만큼 실시하면 연료가 가득 찬다. 급유 도중에도 이탈할 수 있지만, 연료 부족 탓에 다음 날에 스트레스↑를 받는다.

day20 p.29 습격: 철교

시간대는 낮.

목적 미니밴을 타고 오른쪽 끝의 칸에서 이탈

도착 엔드

여러분은 20일간의 자동차 여행을 마치고, ■■에 도달했다.

■■는 좀비의 위협에 노출되지 않았고, PC들은 검문을 통해 몇 가지 검사를 받은 후, 오랜만에 실컷 먹고 자는 시간을 보낼 수 있었다.

긴 여행은 끝났다. ■■ 사람들이 지금까지 고락을 함께 해온 차량의 청소를 도와준다.

거점 엔드

여러분은 ■■에 가는 것을 포기하고, 도중에 방문한 장소를 자신들의 거점으로 삼아 살아가기로 결심했다.

거점 개축(ZLp.44)을 했다면, 다음 시나리오에는 그 거점에서 새로운 거점 생활을 시작하자.

ZLp.82의 「7일간 살아남아라!」 등 다른 시나리오로 연결해볼 수도 있을 것이다.

예: 일반 횡단 루트

1 카고시마 → 2 쿠마모토 → 3 후쿠오카 → 4 야마구치 →

5 히로시마 → 6 오카야마 → 7 효고 → 8 교토 → 9 오사카 →

10 나라 → 11 미에 → 12 아이치 → 13 카나가와 → 14 도쿄 →

15 치바 → 16 이바라기 → 17 후쿠시마 → 18 야마가타 →

19 아키타 → 20 아오모리 → ■■ 홋카이도 도착으로 도착 엔드

물품 태그	설명
설치	「설치(3AP)」 관리/쉬움(90%)의 판정에 성공하면 전투 중이라도 지정한 물건을 칸에 설치할 수 있습니다.
신체확장	《운전》 판정을 할 때, 《운동》으로도 판정할 수 있습니다. 도보 이동도 가능합니다.
비행	공중을 날아다닙니다. 낙하하지 않고 인접한 상하좌우의 칸으로 이동할 수 있습니다.
지원사격	연락할 수 있는 상태라면 전투에 참가하여, 탐색 중이거나 다른 거점의 【실외】에 있는 대상에게 성공률 절반으로 공격을 할 수 있습니다.
연료	【총기】【폭발】【점화】【불꽃】 등으로 인화합니다. 소유자를 【불덩이】로 만들고, 놓인 칸을 【불꽃】으로 만듭니다.
병기	대응하는 【탈것】에 탑재할 수 있는 무기입니다.
땅고르기	거점 개축을 할 때, 다양한 물건을 해체해서 잡동사니로 만들 뿐만 아니라, 토대나 경사를 제거하거나 옮길 수 있습니다.

FAQ

휴식 시의 롤플레이

롤플레이의 내용에 따라 스트레스를 ±1 증감할 수 있습니다. 각 PC의 스트레스 증감은 각 플레이어가 판단해도 무방합니다. 롤플레이를 할 때는 어렵게 생각할 필요 없이 「PC끼리 서로 격려했습니다. 따라서 스트레스를 1 낮춥니다」「말다툼을 벌였습니다. 서로 스트레스를 +1 높였습니다」와 같이 간단히 처리해도 괜찮습니다.

펌블 회피

성공률 70%의 판정에서 98이 나왔을 때, 긴장감을 3 올림으로써 성공률을 99%로 바꿔 판정을 성공시키면 펌블을 막을 수 있습니다.

가공필요 물건을 얻을 때의 D100

어느 식재료를 얻었는지 정할 때는 D100을 굴리지만, 그 밖의 〈생활 리소스〉를 정할 때는 굴리지 않습니다.

9mm 자작 총의 공작 크리티컬

만약 9mm 자작 총을 크리티컬로 제조했을 경우, GM이 공격 x%의 수치를 그대로 주사위 값으로 채용하는 것은 문제가 있다고 판단했다면, 크리티컬의 효과를 「9mm 자작 총의 공격 x%가 최대치인 50%가 되도록 제조했다」로 처리하시기 바랍니다.

확률 엔드

각 PC는 각자 달성하고 싶은 엔드의 성공 확률에 대해 D100을 굴립니다. 성공률 이하가 나오면 무사히 성공하지만, 성공률을 초과하는 값이 나왔을 때는 목적을 무사히 달성하지 못한 것이 됩니다. 같은 엔드를 선택하지 않아도 무방합니다.

높이 2의 벽을 만든다

인접 칸에 기둥이 있다면 한층 위의 층까지 벽을 제작할 수 있습니다.

그림을 사용한 비공식 번역

ZIP 데이터를 비롯한 그림 데이터는 상업적으로 이용하지 않는다면 허가 없이 사용해도 문제 없습니다.

인간 적 데이터

인간 적의 데이터는 PC와의 전투 시에 사용합니다.

좀비에 대해서는 【각오없음】의 효과가 적용되지 않으므로 「봐주는 공격」을 하지 않고 대미지를 줍니다.

최대 AP의 최저치

최대 AP의 최저치는 0입니다. 0AP의 행동이나 모든 AP를 소비하는 「행동방치」를 할 수 있습니다.

방패를 들기를 여러 번 했을 때

「방패를 들기」로 얻을 수 있는 회피 보너스는 가장 높은 것만 적용합니다. 방호용 방패와 즉석 방패로 각각 「방패를 들기」 행동을 했을 경우, 방호용 방패의 +20%만 적용합니다.

중압감의 중복

【중압감】을 가진 상대가 여럿 있어도 1회의 「주목을 모으다」로 증가하는 스트레스는 1뿐입니다.

위아래를 연결하는 계단을 통한 공격

계단이나 사다리, 슬로프로 연결된 칸끼리는 사선이 통하는 것으로 취급해도 무방합니다.

체력을 줄이는 대미지량

내구와 마찬가지로 대미지를 1회 줄 때마다 체력을 1점 줄입니다.

다수에 대한 공격

다수의 상대를 공격했을 때, 일괄 처리하지 말고 따로따로 주사위의 주사위 값을 구하시기 바랍니다.

포탑의 사격 각도 `OPTION RULE`

규칙상 포탑에 설치한 기관포나 전차포는 바로 위를 향해 쏠 수 있습니다. 하지만 GM이 이것을 금지하고 싶다면, 포탑의 사선은 상하(올려본각, 내려본각)로 각각 45도의 대각선에 걸치는 칸까지만 통한다는 선택 규칙을 채용합시다.

정오표

거점방위 TRPG 좀비 라인 정오표
□가 정오표 적용 전, ■가 정오표 적용 후를 나타냅니다.

(2022/10/21 갱신)

p.9 긴장감
□ 기재 없음
↓↓
■ 긴장감이 증가할 때 ◇를 칠합니다. 현재 스트레스 값이 긴장감 상한입니다.

p.9 스트레스 한계치 → 스트레스
□ 스트레스를 받으면 √로 체크합니다. 스트레스는 최저 0, 최대는 한계치입니다.
↓↓
■ 스트레스를 받으면 √로 체크합니다. 스트레스 한계치는 5, 초기치는 0입니다.

p.18 총기 개조 네일건 내용
□ 못을 소비합니다. 〈자재〉1을 소비해 못 30발을 보충할 수 있습니다. 같은 대상에게 3회 공격합니다. 장탄수 30발
↓↓
■ 못을 소비합니다. 〈자재〉1을 소비해 못 10발을 보충할 수 있습니다. 같은 대상에게 2회 공격합니다. 장탄수 20발

p.18 샷건 고유효과
□ 물품이나 구조물의 파괴도 가능합니다.
↓↓
■ 물품, 탈것, 구조물 파괴도 가능합니다.

p.20 물품 구급함 내용
□ 의무실이 없어도 《치료》할 수 있습니다.
↓↓
■ 의무실이 없어도 《치료》로 치료(p.30)를 할 수 있습니다.

p.20 물품 조리도구 내용
□ 부엌이 없어도 《요리》할 수 있습니다.
↓↓
■ 부엌이 없어도 《가사》로 요리(p.29)를 할 수 있습니다.

p.20 물품 드론 내용
□〈전력〉1:3시간분량
↓↓
■〈전력〉1:3시간대분량

p.27 휴식
□ 2인 이상이 휴식할 경우, 대화를 할 수 있습니다. 대화의 내용을 통해 각자의 스트레스를 ±1 증감할 수 있습니다.
↓↓
■ 2인 이상이 휴식할 경우, 교류(롤플레이를 하여 플레이어의 판단 하에 각자의 스트레스를 ±1)를 할 수 있습니다.

p.29-31 설비 항목명
□ 일상 배치
↓↓
■ 생활 배치

p.29, 45 설비 부엌 생활 배치
□《요리》로 판정
↓↓
■《가사》로 판정

p.29 설비 자재 보관소
□〈자재〉50
↓↓
■〈자재〉100

p.30, 45 설비 차고 태그
□【실내】
↓↓
■【실내】【실외】

p.33 함정류 함정
■【은폐】되지 않는 한, 【좀비】에게만 영향을 줍니다.

p.34 자작 무기 개조 네일건 태그 내용
□【사격】【총기】【자작가능】못을 소비합니다. 못 20개를 보충하기 위해 〈자재〉2를 소비합니다. 같은 대상에게 2번 공격합니다. 장탄수 20발
↓↓
■【사격】【총기】【보충】【자작가능】못을 소비합니다. 못 10개를 보충하기 위해 〈자재〉1을 소비합니다. 같은 대상에게 2번 공격합니다. 장탄수 20발

p.36, 86 스트레스 증상 증상 태그 절규
□ 전투중에는 「소리를 지른다(2AP)」를 합니다. 전투 이외의 경우, 무의미한 소리를 지릅니다.
↓↓
■ 전투중에는 「주목을 모은다(2AP)」를 합니다. 전투 이외의 경우, 무의미한 소리를 지릅니다.

p.38 전투 방위측을 배치한다
■ 스트레스↑ 마크를 추가

p.42 간이 전투 전투의 참가자를 확인한다
■ 스트레스↑ 마크를 추가

p.44 거점 개축 증축
■ 판재, 철망 내구2
■ 문, 창문 내구1

p.45 설비 스포트라이트 설명
□ 전투 배치: 이 칸에서 사선이 닿는 칸 중 지정한 칸의 【암흑】【옅은 암흑】을 밝힙니다. 이것은 【광원】이 아니기 때문에, 주변을 밝히지는 않습니다.
↓↓
■ 전투 배치: 「빛을 비춘다(1AP)」로, 이 칸에서 사선이 닿는 칸 중 지정한 1칸의 【암흑】【옅은 암흑】을 밝힙니다. 이것은 【광원】이 아니기 때문에, 주변을 밝히지는 않습니다.

p.50 특수한 상황 좀비에 의한 거점 공략
□【무리】로 장애물을 공격하거나, 타고 넘는 판정을 할지는
↓↓
■ 인간에게 접근하는 것을 방해하는 장애물이나 잠긴 문 등의 구조물은 파괴를 시도해도 괜찮을 것입니다.

p.54 참극의 밤 아침표 66~70 선택지B
□ 비상식 오타의 정정
↓↓
■〈식료〉1

p.64 적 체력
□【전투불능】이 되는 합계 대미지량입니다.
↓↓
■【전투불능】으로 만들기 위해 필요한 대미지 횟수 입니다.

p.72 양아치 위협도
□ 3
↓↓
■ 2.5

p.75 BOSS 특징 AP 증가
□ AP +1합니다.
↓↓
■ 최대 AP를 +1합니다.

p.76, 78, 82
□ 대화로 스트레스가 증감합니다.
↓↓
■ 교류로 스트레스가 증감합니다.

p.76 타임스케줄
□ 4일째 일수경과 엔드
↓↓
■ 4일째 시간경과 엔드

p.78 타임스케줄
□ 기재 없음
↓↓
■ 5일째 시간경과 엔드

p.80 …아침인사 3일째(나)
□ 최근 아예 눈을 붙이지 못한건 아닐까 하고 생각될 정도이다.
↓↓
■ 최근 아예 눈을 붙이지 못한건 아닐까 하고 생각될 정도이다.
(원문 한자 표기 차이)

p.80 최종일의 습격 3라운드째에 출현하는 적 A 1F
□ 좀비×[PC×2인수]【무리】
↓↓
■ 좀비×[PC인수×2]【무리】

p.80 최종일의 습격 3라운드째에 출현하는 적 A 1F
□ 좀비×[PC×2인수]【무리】
↓↓
■ 좀비×[PC인수×2]【무리】

p.81 박사와 좀비와 백신 개발 엔드
□ 백신을 완성하면 자동으로 이쪽이 된다.
↓↓
■ 백신을 완성하여 박사를 신뢰하게 되었다.

p.84 색인 다
■ 더러움

p.86 태그 일람 설비 설비 태그
■ 더러움 좀비가 있던 칸에서 거점행동을 하면 스트레스↑

p.86 태그 일람 물품 태그 자작 가능
□ 공구함이나 작업실에서 자원을 소비해 공작에 성공하면 만들 수 있는 물품입니다.
↓↓
■ 공구함이나 작업실에서 자원을 소비해 공작에 성공하면 만들 수 있는 물품입니다. 제조소 보유 시 판정에 +20%를 받습니다.

p.86 태그 일람 물품 태그 탈것
□ 타고 이동할 수 있습니다. 탈것으로「부딪히기」의 효과가 변화합니다.
↓↓
■ 타고 이동할 수 있습니다. 탈것으로「부딪히기」의 효과가 변화합니다. 물품, 탈것, 구조물에도 피해를 가할 수 있습니다.

p.86 태그 일람 물품 태그 폭발
□ 폭탄에 의한 공격수단입니다. 칸 하나를 공격대상으로 삼습니다. 그리고 주변1칸 이내에는 폭발의 파편에 의해 추가공격(30%)을 가하며, 그 후 폭풍으로 반드시【넘어짐】으로 만듭니다. 물품, 함정류, 구조물에도 피해를 가합니다.
↓↓
■ 폭탄에 의한 공격수단입니다. 칸 하나를 공격대상으로 삼습니다. 그리고 주변1칸 이내에는 폭발의 파편에 의해 추가공격(30%)을 가하며, 그 후 폭풍으로 반드시【넘어짐】으로 만듭니다. 물품, 탈것, 구조물에도 피해를 가합니다.

p.86 태그 일람 물품 태그 백병
□ 근접하는 공격수단입니다. 물품, 함정류, 구조물에도 피해를 가합니다. 《무술》이 있으면 공격에 +10%를 받습니다.
↓↓
■ 근접하는 공격수단입니다. 물품, 탈것, 구조물에도 피해를 가합니다. 《무술》이 있으면 공격에 +10%를 받습니다.

p.86 태그 일람 물품 태그 가공필요
□ 안심하고 안전한 생활 리소스로 만들기 위해 가공이 필요한 물품입니다.
↓↓
■ 안심하고 쓸 수 있는 안전한 〈생활 리소스〉로 만들기 위해 가공이 필요한 물품입니다.

시트류 캐릭터 시트, NPC 시트
□일상 스킬
↓↓
■생활 스킬
수정, QR 코드의 링크 주소 갱신

(2022/1/8 풀컬러 서적판에 적용된 정오표)
오타, 내용 수정

□ 휴양 오타 정정
↓↓
■ 휴식

p.1 2차창작 · 상업이용에 대해
□ ——가볍게 아래의 QR 코드 링크에서——
↓↓
■ ——가볍게 오른쪽 위의 QR 코드 링크——

p.5
□ 온라인 세션의 준비
온라인 세션 도구용 세트를 공식 사이트에서 배포하고 있습니다.
QR 링크→
온라인 세션에서는 주사위를 준비하거나 시트류를 인쇄할 필요가 없습니다.
참가자는 전원 이 책이나 플레이어즈 가이드를 참조할 수 있습니다.
텍스트만으로 플레이하는 경우, 음성으로 플레이할 때보다 2~3배의 시간이 걸립니다.
↓↓
■ 세션의 준비
온라인 세션 도구용 데이터나 인쇄용PDF 데이터, 플레이어즈 가이드 등은 공식 사이트에서 배포하고 있습니다.
http://www.trpgclub.com
참가자는 전원 이 책이나 플레이어즈 가이드를 참조할 수 있습니다.

p.12 활용 장면의 정리
■ ·탐색 거점행동「탐색」으로 아침의 생활 리소스 획득. 탐색이나 조사 포인트의 발견.
· 경계 낮에 거점행동「경계」로 밤의 습격 파악. 외부 주변의 상황 변화를 파악.
· 운전 탐색 도중 탈것을 이용한 도주, 탈것으로「부딪히기」를 하거나 이동중의 사고 방지.
· 치료 거점행동「치료」로【상처】【상태나쁨】을 치료중으로 만듦. 거점행동「멘탈케어」로 스트레스 경감.
· 가사 거점행동「요리」로 식재료를 가공해 〈식료〉로 만듦. 거점행동「청소」로【더러움】칸을 깨끗하게.
· 공작 거점행동「자작」「제조」로 무기나 함정류를 제작. 거점행동「가공」으로 잡동사니를 〈자재〉로 만듦.
· 운동 탐색중 전투에서의 도주. 낙하하는 경우의 착지.
· 연구 자료를 파악, 검증하고 실험. 거점행동「정수」「충전」으로 〈식수〉〈전력〉을 얻음.
· 대화 탐색 중 조우한 상대와의 교섭. 거점행동「멘탈케어」로 스트레스 경감.
· 예술 거점행동「멘탈케어」로 자신과 주변을 포함해 스트레스 경감.

p.16, 34 사스마타 고유효과
□ 대미지 대신【넘어짐】으로 만들거나, 상대가 벽이 있는 칸에 있거나 이미【넘어짐】상태였다면,【속박】으로 만듭니다
↓↓
■ 대미지 대신【넘어짐】으로 만들거나, 상대가 벽이 있는 칸에 있거나 이미【넘어짐】상태였다면, (자신이「이동」해서 사거리 밖으로 벗어날 때까지)【속박】으로 만듭니다

p.16 전기톱 태크
■【보충】을 추가.

p.18 샷건 고유효과
■ 물품이나 구조물의 파괴도 가능합니다. 를 추가.

p.19 탈것
■ 탈것의 중량으로 내구가 1 감소하는 것이 아니라, 탈것으로「부딪히기」를 했을 때 운전/어려움(50%)에 실패하면 내구가 1 감소합니다. 로 변경했습니다.

p.19 탈것 탈출
□ 탈출 시 판정의 보너스입니다.
↓↓
■ 탈출 확률의 보너스입니다.

p.24
■ 좌표 번호의 ○ 위치를 변경.

p.26 배치→실시→배치→실시…
□ 사전에 누가 무엇을 하고 싶은지 토론한 다음, 실시하고 싶은 곳에 일제히 말을 배치합니다.
배치한 후,
↓↓
■ 사전에 누가 무엇을 하고 싶은지 토론한 다음, 실시하고 싶은 곳에 일제히 말을 배치합니다.
배치한 후, (같은 거점행동이라면 동시에) 각 거점행동을 실시합니다. 전원의 거점행동이 끝났다면 시간대를 하나 옮겨 (전→후) (후→다음 시간대의 전) 진행합니다.

p.33 함정류
■ 아래의 문장을 추가
　※함정은 같은 칸에 중복 가능. 장애물은 중복 불가능.
※함정이나 장애물은 참가자의 상식이 허용하는 범위 내의 장소에 설치할 수 있습니다.
■함정　조건에 따라서는 의미도 없이 동시에 발동할 수 있습니다. 라는 한 문장을 추가.

p.34 수제 활　공격
□ 60%
↓↓
■ 50%

p.34, 35 함정류
■ 올가미, 곰덫, 네트 함정의 효과 대상을 알기 쉽게 「침입한 모든 대상」 「1전투중 1회만 효과가 있습니다.」로 통일. (서플 역주: 네트의 경우는 '들어오는 모든 대상'으로 번역되어 있습니다)

p.37 주목
□ 자기 주위의 아군이 적을 공격할 때, 자기 주변 3칸에 있는 적의 회피가 -20% 됩니다.
↓↓
■ 자기 주변 3칸 내에 있는 적의 회피가 -20% 됩니다. 눈에 띕니다.

p.39 공격
■ 대상: 캐릭터, 구조물(문이나 창문), 물품, 존재를 알아차린 함정류 대상의 명확화.

p.39 기타 행동
□ 설비 활용 (3AP)　자신이 있는 칸의 설비를 사용합니다.
↓↓
■ 설비 활용 (×AP)　자신이 있는 칸의 설비를 사용합니다. 설비의 전투배치에 쓰여 있는 AP를 소비하여 그에 맞는 행동을 할 수 있습니다.

p.39 낙하
□ 실패한 횟수만큼 【상처】를 받습니다.
↓↓
■ 실패한 횟수만큼 【상처】와 스트레스↑가 상승합니다.

p.39, 42 행동방치 (전 AP)
□ 다른 행동을 하지 않고, 자기 차례에 아무것도 하지 않습니다. 다음번 자기 차례가 왔을 때, 최대 AP를 4로 만듭니다.
↓↓
■ 다른 행동을 하지 않고, 자기 순서에 아무것도 하지 않습니다. 다음번 자기 순서에 최대AP에+1을 받습니다. 이는 누적되지 않습니다.

p.40 공격-회피±a=성공율
□ 공격에서 대상의 회피를 뺀 값이 해당 공격의 성공률입니다.
↓↓
■ 공격에서 대상의 회피를 뺀 값이 해당 공격의 성공율(1~99%)입니다.

p.40 대미지
□ 치명상을 받아 전투불능이 됩니다. 좀비에 감염되는 것도 대미지입니다.
↓↓
■ 치명상을 받아 전투불능이 됩니다. 좀비에 감염됩니다. 물품이 파괴되는 것도 대미지입니다.

p.41 상황 태그　예시
□ 【암흑】【연기】가 있는 칸의 경우, 이 칸에 대한 공격의 성공률은 최대 5%가 되며, 이 칸을 통과하는 공격의 성공률은 최고 20%가 됩니다.

■ 【암흑】【연기】가 있는 칸의 경우, 이 칸에 대한 공격의 성공률은 최대 5%가 되며, 이 칸을 통과해 지나가는 공격의 성공률은 최고 30%가 됩니다.

p.41 상황 태그　암흑, 옅은 암흑
□ 이 칸에 대한 공격의 성공률은 최고 …입니다.
↓↓
■ 이 칸에 대한 공격의 성공률은 (방사나 폭발 이외의 경우) 최고 …입니다.

p.42 탈것의 활용
■ 탈것의 라이프라인 보너스 효과를 받으며 탐색하고 있을 때 등, 최초부터 탈것에 타고 있는 상태로 칸이 전투를 시작할 수 있습니다. 라는 한 문장을 추가.

p.50
■ 「적의 소지품을 입수」 항목을 p.75로 옮기고, 「좀비에 의한 거점 공략」을 삽입.

p.51 지도
■ 탈것으로 향하는 경우에는 사고가 나지 않고 무사히 도착할 수 있었는지 《운전》으로 판정하도록 합시다. 라는 한 문장을 추가.

p.63 엔드 이벤트
□ 선택한 엔드의 확률 이하가 나오면 생존한 것입니다.

■ 선택한 엔드의 확률 이하의 결과가 나오면 무사히 생존한 것입니다.

p.66 절단 좀비　공격 수단　절단
□ 같은 대상에게 2번 공격합니다. 대미지 대신 스트레스↑을 가합니다.
↓↓
■ 같은 대상에게 2번 공격합니다. 대미지 대신 【상처】와 스트레스↑을 가합니다.

p.75 무리 데이터
■ 아래의 조항을 추가.
• 개별로 상태이상이 되면 무리를 나눕니다.
• 여러 개체가 영향을 받는 공격(【방사】【폭발】)이나 판정의 경우, 「무리의 수」만큼 개별로 처리합니다.

기타
■ 관리 시트
불필요한 함정의 정보를 삭제.

■ 함정 규칙의 일부 개정 및 명확화
• 【함정】은 발동하면 해당 전투의 상대 진영에게 발각됩니다.
• 함정류는 【백병】이나 【폭발】 공격을 받았을 때 내구가 감소합니다.
• 함정류 중 【장애물】은 내구가 2입니다. 【함정】의 내구는 1입니다.
• 내구가 0이 되면 파괴됩니다.

■ 공격 대상의 명확화
대상: 캐릭터, 발각된 함정, 장애물, 구조물 등

■ 관찰의 명확화
주의 깊게 보면 【은닉】, 【은폐】된 것을 발견합니다.

■ 구조물의 내구치 참고
(철근) 판재: ─　(목조) 판재: 5
(증축) 판재, 철망, 장애물: 2　문, 창문, 설비, 함정: 1

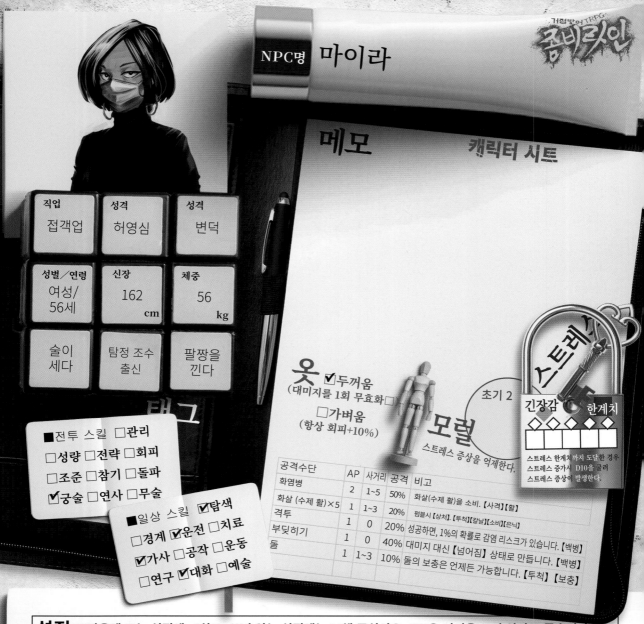

NPC명 마이라

메모 　　캐릭터 시트

직업	성격	성격
접객업	허영심	변덕

성별／연령	신장	체중
여성/56세	162 cm	56 kg

술이 세다	탐정 조수 출신	팔짱을 낀다

태그

옷
- ☑두꺼움 (대미지를 1회 무효화)
- □가벼움 (항상 회피+10%)

모럴 스트레스 증상을 억제한다.

초기 2

□전투 스킬　□관리
□성량　□전략　□회피
□조준　□참기　□돌파
☑궁술　□연사　□무술

■일상 스킬　☑탐색
□경계　☑운전　□치료
☑가사　□공작　□운동
□연구　☑대화　□예술

스트레스

긴장감 ◇◇◇◇◇◇ 한계치

스트레스 한계치까지 도달한 경우 스트레스 증가시 D10을 굴려 스트레스 증상이 발생한다.

공격수단	AP	사거리	공격	비고
화염병	2	1~5	50%	화살(수제 활)을 소비. 【사격】【활】
화살 (수제 활)×5	1	1~3	20%	펌블시 【상처】. 【투척】【칼날】【소비】【은닉】
격투	1	0	20%	성공하면, 1%의 확률로 감염 리스크가 있습니다. 【백병】
부딪히기	1	0	40%	대미지 대신 【넘어짐】 상태로 만듭니다. 【백병】
돌	1	1~3	10%	돌의 보충은 언제든 가능합니다. 【투척】【보충】

설정 ※마음에 드는 설정에 ✔하고, 쓰지 않는 설정에는 ✕해 주십시오. GM은 이것을 쓰지 않아도 좋습니다.

□A: 바를 운영하는 자영업자　말투: 여장부 기질

「술이 너무 좋아서 술집을 열었지. 너도 와. 서비스해줄게.」

「젊었을 때 사람을 막 부려먹는 탐정에게 혹사당한 적이 있거든. 그때 익힌 거야.」

「이름? 아아, 몇 번인가 몸을 팔았을 때 썼던 기명(妓名)에서 따왔던가. 나도 꽤 인기가 있었거든.」

「"참극의 밤"…. 덕분에 장사 말아먹을 판이란 말이지…. 자, 기분 전환이라도 할까.」

「너랑 같이 내 가게에서 한 잔 할 때까지는 못 죽지.」

□B: 암흑가의 안내인　말투: 누긋한 태도

「우후후, 마이라는 정말로 기대가 크답니다. 이런 인생을 살게 되다니… 생각도 못 했거든요.」

「손님도 한 잔 하실래요? 정말로 맛있답니다. 지금이라면 손이 닿으실 것 같은데요?」

「마리아가 맡은 일은 파견 관리쯤 되겠네요. 네, 곤란해 하는 손님에게 전달해 드리는 거죠.」

「"참극의 밤" 때문에 장사가 잘 안 되네요…. 상품 후보가 계속 소비되기만 할 뿐이라니.」

「이 혼란을 계기로 좀 더 세력을 확대해 버려도 문제없을까요?」

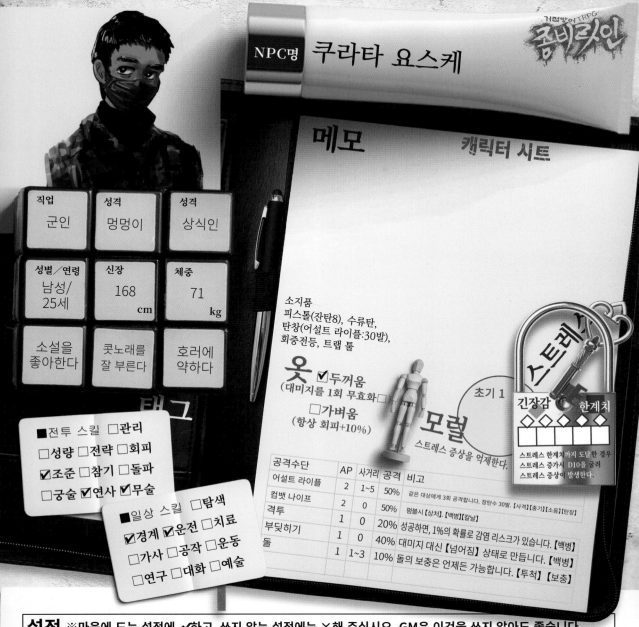

거점방어 TRPG
좀비 라인

NPC명 쿠라타 요스케

메모 　　　캐릭터 시트

직업	성격	성격
군인	멍멍이	상식인

성별／연령	신장	체중
남성/25세	168 cm	71 kg

소설을 좋아한다	콧노래를 잘 부른다	호러에 약하다

태그

■전투 스킬　□관리
□성량　□전략　□회피
☑조준　□참기　□돌파
□궁술　☑연사　☑무술

■일상 스킬　□탐색
☑경계　☑운전　□치료
□가사　□공작　□운동
□연구　□대화　□예술

소지품
피스톨(잔탄8), 수류탄,
탄창(어설트 라이플:30발),
회중전등, 트랩 툴

옷 ☑두꺼움
(대미지를 1회 무효화한다)
□가벼움
(항상 회피+10%)

모럴　초기 1
스트레스 증상을 억제한다.

스트레스
긴장감　한계치
◇◇◇◇◇◇
스트레스 한계치까지 도달한 경우
스트레스 증가시 D10을 굴려
스트레스 증상이 발생한다.

공격수단	AP	사거리	공격	비고
어설트 라이플	2	1~5	50%	같은 대상에게 3회 공격합니다. 장탄수 30발. 【사격】【총기】【소음】【탄창】
컴뱃 나이프	2	0	50%	펌블시 【상처】【백병】【칼날】
격투	1	0	50%	
부딪히기	1	0	20%	성공하면, 1%의 확률로 감염 리스크가 있습니다. 【백병】
돌	1	1~3	40%	대미지 대신 【넘어짐】 상태로 만듭니다. 【백병】
	1		10%	돌의 보충은 언제든 가능합니다. 【투척】【보충】

설정 ※마음에 드는 설정에 ✔하고, 쓰지 않는 설정에는 ✕해 주십시오. GM은 이것을 쓰지 않아도 좋습니다.

□A: 노력가 자위대원　말투: ~입니다

「저의 애독서는 클라우제비츠의 전쟁론과 인터넷 소설입니다!」

「책에 트럭이 하도 많이 나오길래, 문득 트럭을 운전하고 싶어서 면허를 따 봤습니다.」

「자주 콧노래를 잘 부른다는 말을 듣습니다만, 훈련 동안 계속 해보라는 말을 들었을 때는 죽음을 각오했습니다….」

「"참극의 밤"은 아마 이 세계와 좀비 세계가 연결되는 바람에 일어난 것일 겁니다. 좀비 세계라니 정말로 가기 싫습니다!」

「아무튼 한시라도 빨리 국민의 생명을 온전히 보장할 수 있는 세계를 만들기 위해 노력하겠습니다!」

□B: 특수부대 「연기」 구성원　말투: 약간 어색한 말투

「지금은 이름만 일본인이지만, 빨리 성과를 거둬 나도 이 나라의 국적을 얻고 싶다.」

「마실 수 있는 물이 무료. 총을 들고 다니지 않아도 괜찮다니 굉장했지. 그런 이 나라가 꽤 마음에 들었는데 말이야.」

「닌자는 해외에서 더 인기가 좋아. 심지어 근처에 닌자 도장이 있었을 정도니까.」

「"참극의 밤"을 막지 못한 것은 뼈아프지. 상사의 평가가 어찌될지 모르겠어. …농담이야.」

「뭐, 아직 이 나라의 국민이 되진 못했지만, 미래의 동료를 위해 힘 좀 써볼까.」

PC 이름 3호 (삼)

곡힘체령

초능력 분류 발화

성격 융통성 좋음 / 감정적	연령 15세	성별 여성	담당

태그

신장 152 cm	체중 43 kg	잠버릇이 나쁘다	눈동자가 붉다

모럴
스트레스 증상을 억제한다.

초기 1

스트레스

긴장감

한계치

스트레스 한계치 까지 도달한 경우 D10을 굴려 스트레스 증가시 스트레스 증상이 발생한다. 증상 발생 시에는 초능력으로 공격한다.

■전투 스킬
- ☐관리
- ☐성량
- ☐전략
- ☐회피
- ☑조준
- ☑참기
- ☐돌파
- ☐궁술
- ☐연사
- ☐무술

■생활 스킬
- ☑탐색
- ☐경계
- ☐운전
- ☐치료
- ☐가사
- ☐공작
- ☐운동
- ☐연구
- ☐대화
- ☐예술

옷
- ☑두꺼움 ([좀비화] 1회 무효화☐)
- ☐가벼움 (항상 회피+10%)

최대 AP: 3
행동

이동
1칸 이동합니다. 바닥이 없는 에리어라면, 바닥이 있는 곳까지 낙하(ZLP39)하여 행동이 종료됩니다.
1AP

격려
1칸 내의 동료 한 명을 격려합니다. 발생한 스트레스 증상을 없앨 수 있습니다.
2AP

주목받기
다음 순서까지 자신이 [주목] 받습니다.
3칸 이내에 있는 적의 회피를 -20% 합니다.
2AP

공격
공격 수단을 한 가지 선택해 사거리 내의 대상을 공격합니다. D100이 공격 이하로 나오면 성공. 5이하C, 96이상F
×AP

기타 행동
문을 여닫기, 물건의 양도, 버리기, 줍기, 이야기하기 (0AP) 관찰, 자세의 변경 (1AP) 등반, (3AP) 등
×AP

행동 방치
이번 순서를 아무런 행동도 하지 않고 종료합니다. 다음 순서에서 최대 AP가 4로 증가합니다.
AP전부

---

5 한계(스트레스5) 초능력(전AP)·초능력 후, 자신에게 [상처]와 스트레스⬆
사거리 0~2에 있는, 자신을 제외한 모든 개체에게 [사격] 공격(60%)을 2회씩 합니다.
성공할 때마다 대미지를 주고, [불덩이]로 만듭니다.
또, 사거리 내의 바닥이 있는 칸을 [불꽃]으로 만듭니다.

4 불안(스트레스3~4) 초능력(1AP)·초능력 후, 자신에게 스트레스⬆

3 사거리 0~4에 있는 1체에게 [사격] 공격(70%)을 합니다.
성공하면 대미지와 더불어 대상을 [불덩이]로 만듭니다.

2 안정(스트레스0~2) 초능력(0AP)

1 그 날만 일시적으로 자신으로부터 주위 2칸까지의 [암흑][열은 암흑]을 밝히는 불덩어리로 [광원]을 만듭니다.

0 또, 그 차례 동안 "돌"에 [점화]를 부여해서 공격에 +10%를 받습니다.

소지품
메인 무기: 피스톨(잔탄 3발)
서브 무기:
마스크
α감정 조작약×2

	공격수단	AP	사거리	공격	비고
메인	피스톨	2	0~4	50%	장탄수 8발☐☐☐☐☐☐☐☐ [사격][총기][은닉][탄창][소음]
서브					
	격투	1	0	20%	성공하면, 1%의 확률로 감염 리스크가 있습니다. [백병]
	부딪히기	1	0	40%	대미지 대신 [넘어짐] 상태로 만듭니다. [백병]
	돌	1	1~3	10%	

( ) ☐☐☐☐☐ ☐☐☐☐☐ ☐☐☐
( ) ☐☐☐☐☐ ☐☐☐☐☐ ☐☐☐
( ) ☐☐☐☐☐ ☐☐☐☐☐ ☐☐☐

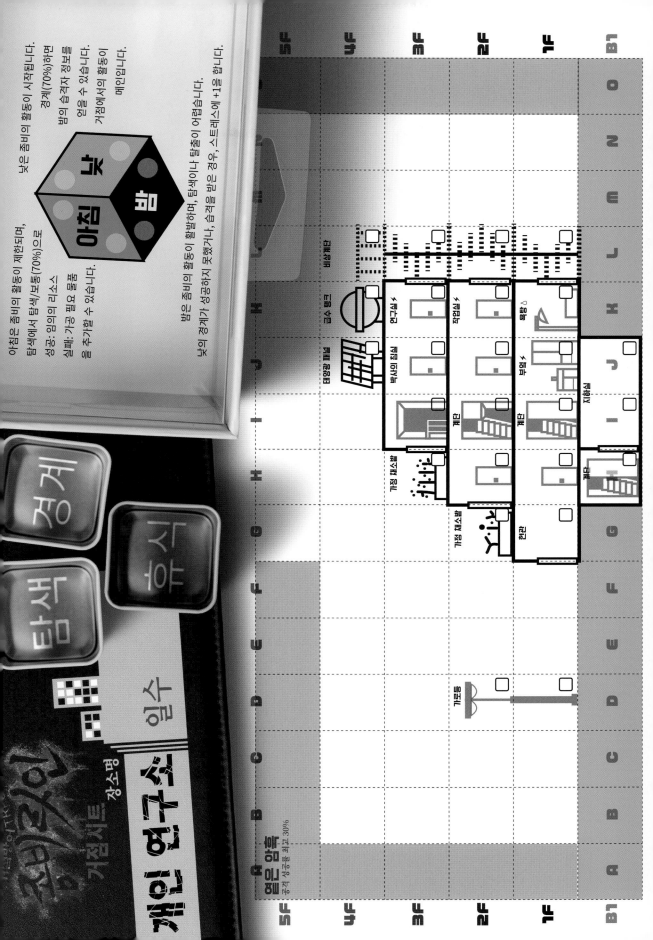

개인 연구실

장소명

거점씬

낮은 좀비의 활동이 시작됩니다.

경계(70%)하면 밤의 습격자 정보를 얻을 수 있습니다.

거점에서의 활동이 메인입니다.

아침은 좀비의 활동이 제한되되, 탐색에서 탐색/보물을 성공: 임의의 리소스 실패: 가공 필요 물품 을 추가할 수 있습니다.

밤은 좀비의 활동이 활발하며, 탐색이나 탈출이 어렵습니다.

낮의 경계가 성공하지 못했거나, 습격을 받은 경우, 스트레스에 +1을 합니다.

아침 / 낮 / 밤

경계 · 탐색 · 휴식

밝은 암흑
은은한 암흑 공격 성공률 최고 30%

5F / 4F / 3F / 2F / 1F / B1

A B C D E F G H I J K L M N O

연구실 · 박사의 침실 · 급수 탱크 · 태양광 패널 · 비상계단

작업실 · 부엌 · 계단 · 가정 재소실

목장 · 지하실 · 현관 · 계단

가로등

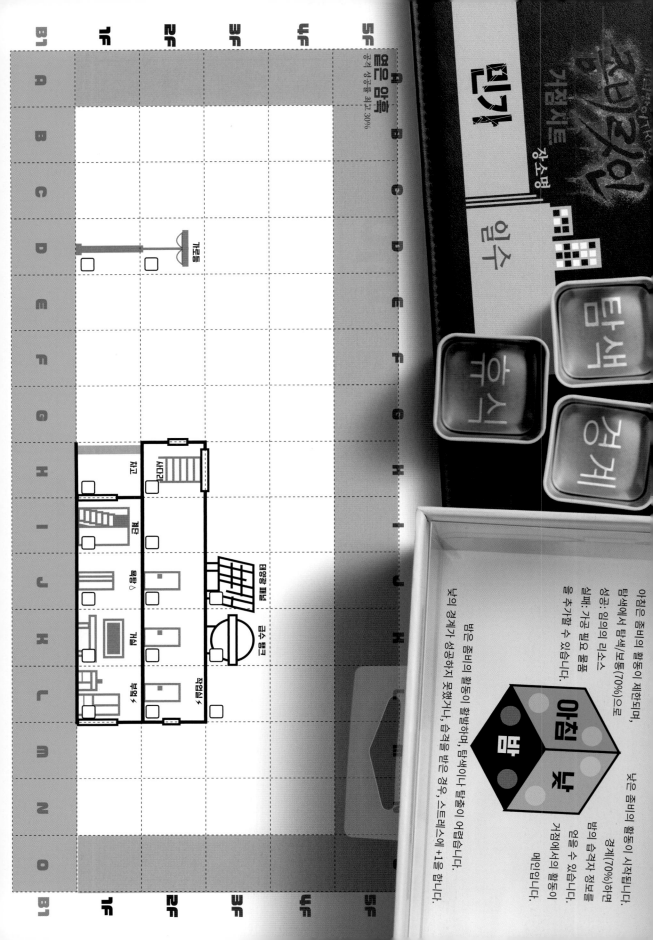

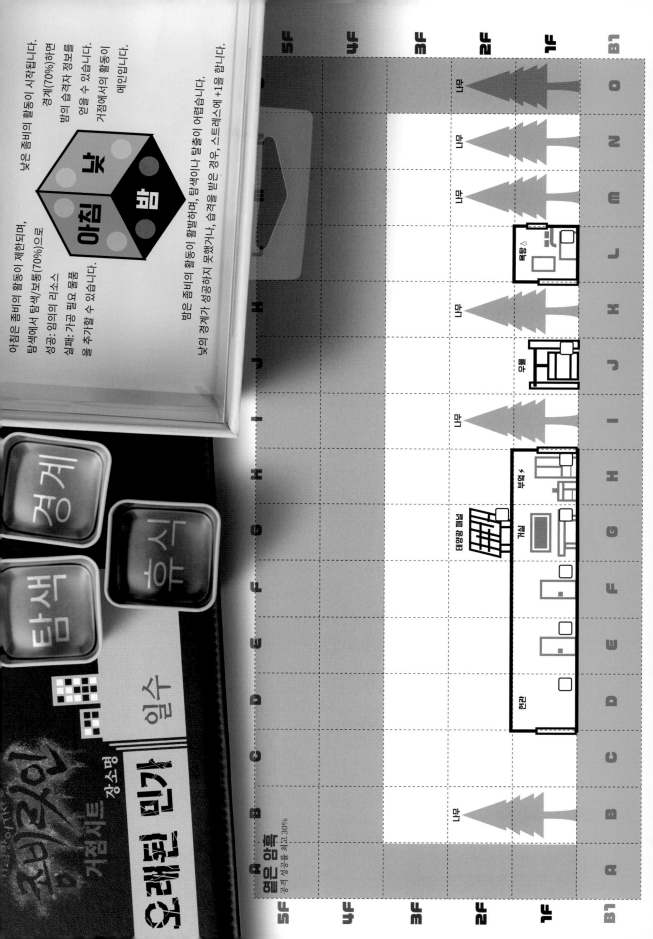

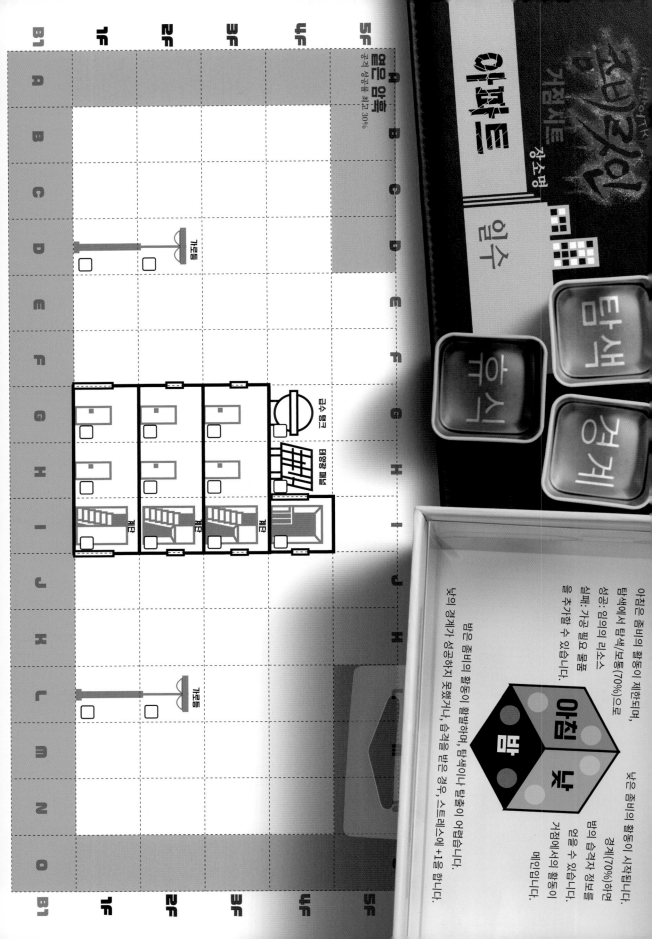

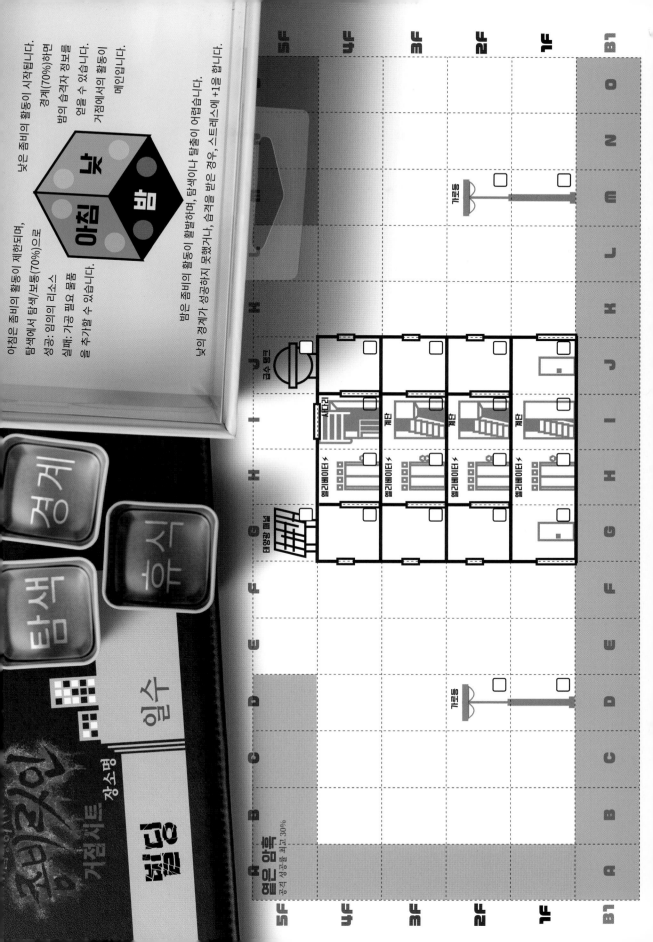

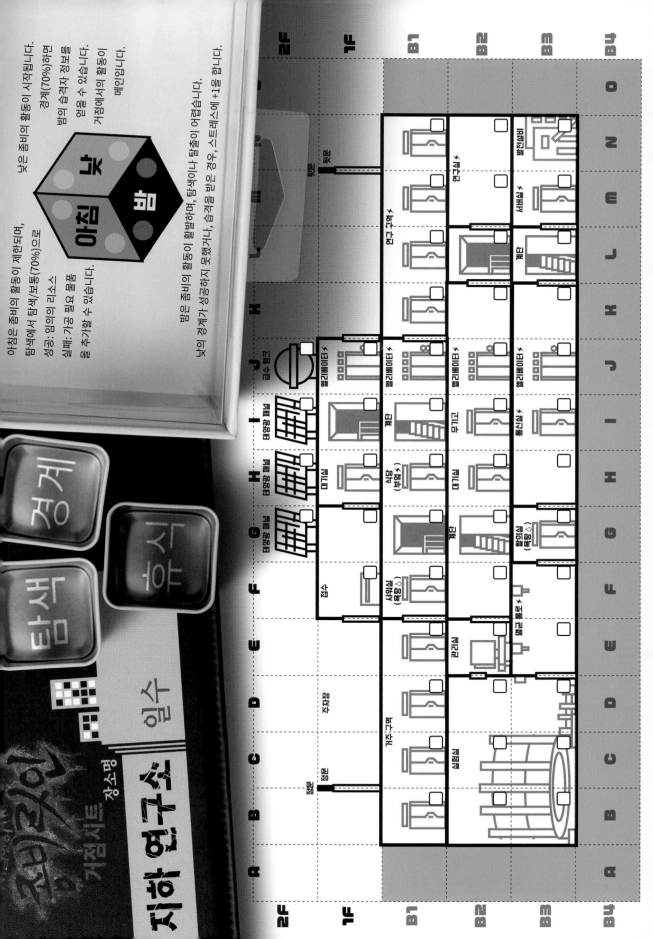

좀비인
장소명 거점세트
지하 연구소

일수

아침은 좀비의 활동이 제한되며,
탐색에서 탐색(보통70%)으로
성공: 엄어의 리소스
실패: 가공 필요 물품
을 추가할 수 있습니다.

아침

낮

밤

낮은 좀비의 활동이 시작됩니다.
경계(70%)하면
밤의 습격자 정보를
얻을 수 있습니다.
거점에서의 활동이
메인입니다.

밤은 좀비의 활동이 활발하며, 탐색이나 탈출이 어렵습니다.
밤의 경계가 성공하지 못했거나, 습격을 받은 경우, 스트레스에 +1을 합니다.
낮의 경계가 성공하면 활동할 수 있습니다.

정계

탐색

휴식

2F

1F

B1

B2

B3

B4

A B C D E F G H I J K L M N O

해변 매점

일수

탐색/조사　　휴식　　경계

아침은 좀비의 활동이 제한되며,
탐색에서 탐색/보물(70%)으로

낮은 좀비의 활동이 시작됩니다.
경계(70%)하면

밤은 좀비의 활동이 활발합니다. 낮의 경계가 성공하지 못했거나, 습격을 받은 경우, 스트레스에 +1을 합니다.

성공: 임의의 리소스
실패: 가공 발포 물품
를 추가할 수 있습니다.

밤의 습격자 정보를
얻을 수 있습니다. 거점에서의 활동이
메인입니다.

아침 / 낮 / 밤

수중
【수중 서식】 이외의 캐릭터는
소비 AP 2배

일몰 이후
공격 성공률 최고 30%

급수 탱크
창고 ◊
냉장 ◊
계단
야외 테라스
작업대 ◊
가로등

B1　1F　2F　3F　4F　5F

A B C D E F G H I J K L m N O

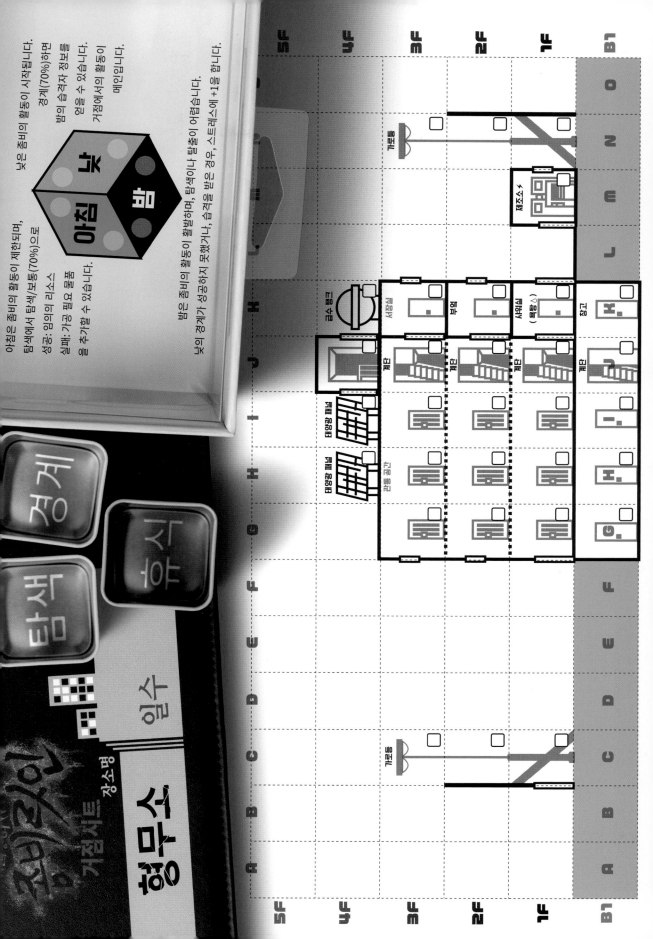

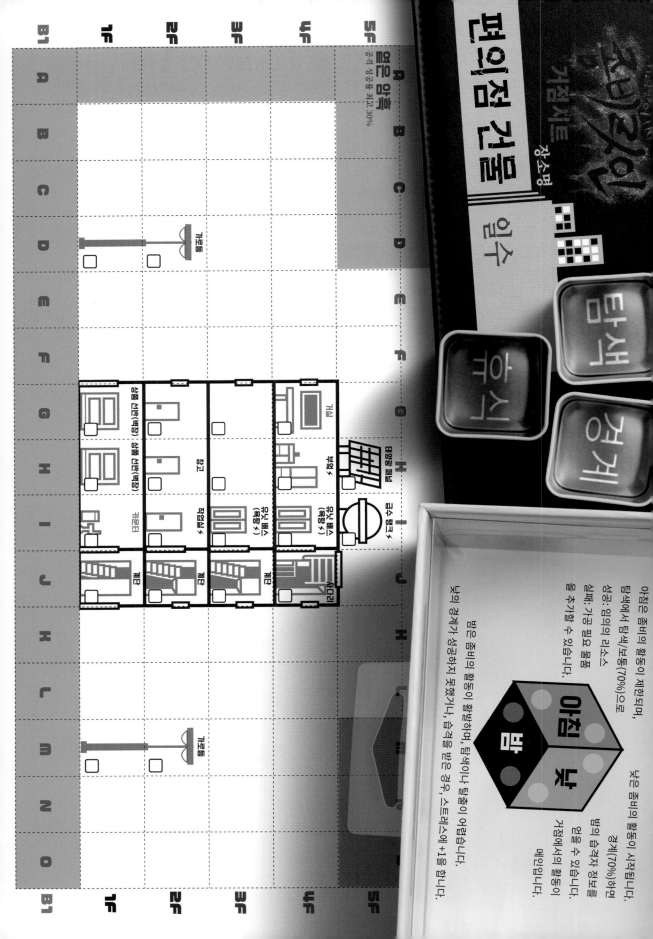

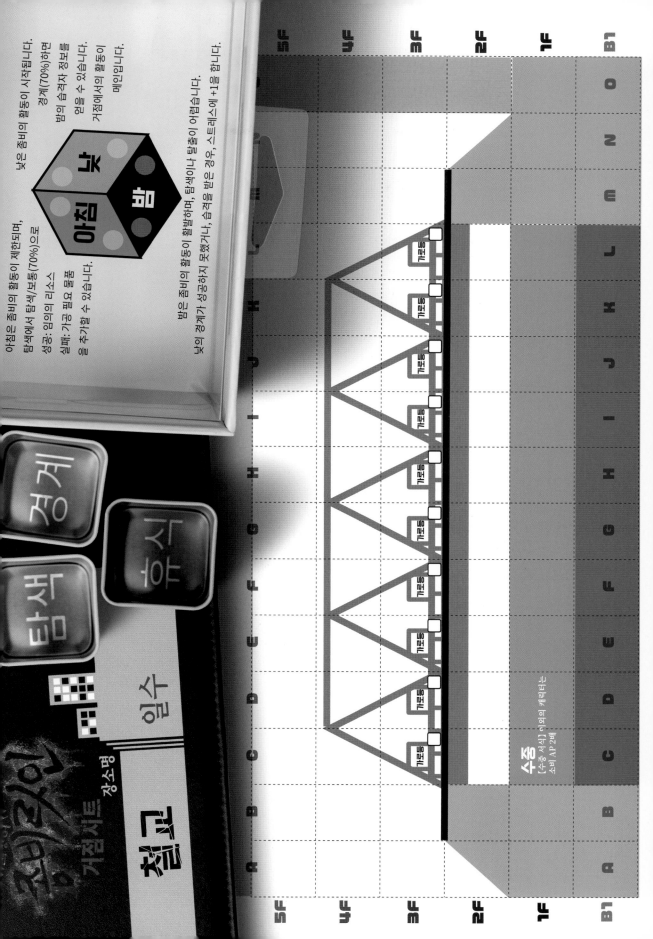

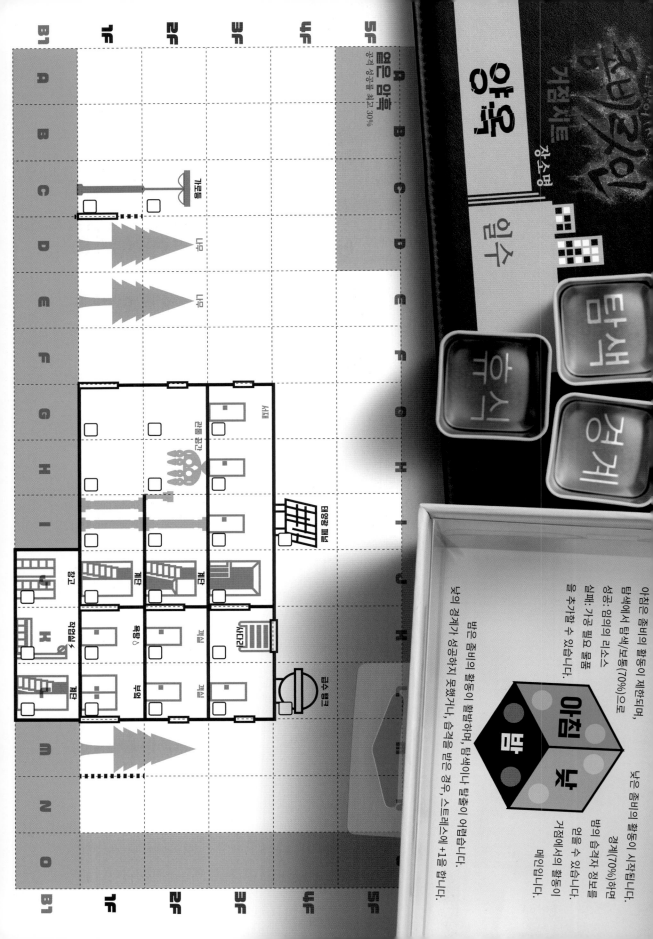

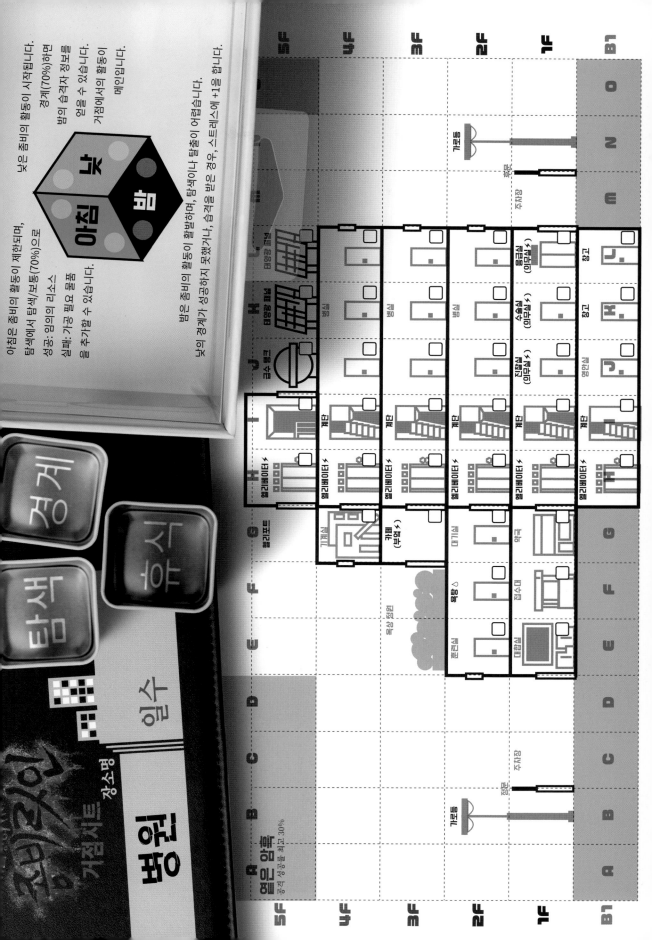

좀비의 거점세트

장소명
병원

낮은 좀비의 활동이 시작됩니다.
경계(70%)하면
밤의 승격자 정보를
얻을 수 있습니다.
거점에서의 활동이
메인입니다.

아침은 좀비의 활동이 제한되며,
탐색에서 탐색/보급을
성공: 임의의 리소스
실패: 가공 필요 물품
음주가함 수 있습니다.

밤은 좀비의 활동이 활발하며, 탐색이나 탈출이 어렵습니다.
낮의 경계가 성공하지 못했거나, 습격을 받은 경우, 스트레스에 +1을 합니다.

낮   밤   아침

경계   탐색   휴식   음식   일수

영업 암록
공식 성공률 최고 30%

5F / 4F / 3F / 2F / 1F / B1

A B C D E F G H I J K L M N O

가로등   정문   주차장
창고   영안실   타임캡슐   계단   엘리베이터
응급실(의무실)   수술실(의무실)   진찰실(의무실)   병실   태양광 패널   급수 탱크
기계실   카페(부엌)   대기실   약국   접수대   목욕   훈련실   대합실   옥상 정원   헬리포트

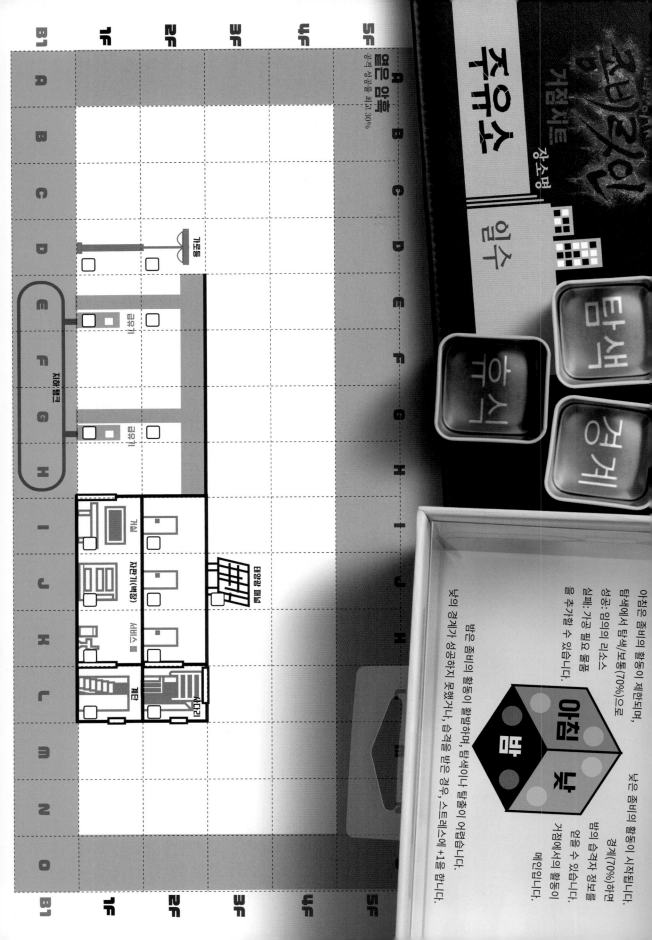

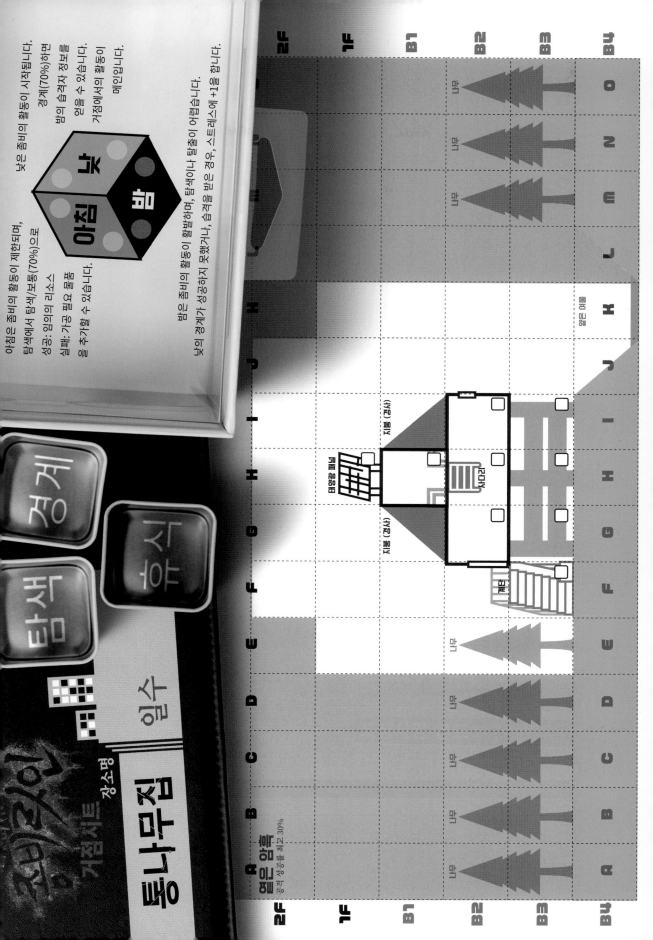

낮은 좀비의 활동이 시작됩니다.
경계(70%)하면
밤의 습격자 정보를
얻을 수 있습니다.
거점에서의 활동이
메인입니다.

낮에 좀비의 활동이 제한되며,
탐색에서 탐색/보급(70%)으로
성공: 임의의 필요 물품
실패: 가공 필요 물품
을추가할 수 있습니다.

아침은 좀비의 활동이 제한되며,
탐색에서 탐색/보급 리소스
성공: 임의의 필요 물품
실패: 가공 필요 물품
을추가할 수 있습니다.

밤

아침

낮

밤은 좀비의 활동이 활발하며, 탐색이나 탈출이 어렵습니다.
낮의 경계가 성공하지 못했거나, 습격을 받은 경우, 스트레스에 +1을 합니다.

경계

탐색

휴식

장소명 | 일수

둥나무집

영은 암흑
공직 성공률 최고 30%

지붕 (경사)
태양광 패널
지붕 (경사)
사다리
계단
나무
얼은 여름

2F 1F B1 B2 B3 B4

A B C D E F G H I J K L M N O

거침받이 TRPG
좀비 라인

PC명

캐릭터 시트

메모

직업	성격	성격
성별／연령	신장	체중
	cm	kg

태그

스트레스

긴장감 　 한계치

스트레스 한계치까지 도달한 경우
스트레스 증가시 D10을 굴려
스트레스 증상이 발생한다

모럴
스트레스 증상을 억제한다.

옷
□두꺼움
(대미지를 1회 무효화□)

□가벼움
(항상 회피+10%)

■전투 스킬 □관리
□성량 □전략 □회피
□조준 □참기 □돌파
□궁술 □연사 □무술

■일상 스킬 □탐색
□경계 □운전 □치료
□가사 □공작 □운동
□연구 □대화 □예술

행동
최대 AP : 3

이동
1칸 이동합니다. 바닥이 없는
에리어라면, 바닥이 있는
곳까지 낙하(P39)하여 행동이
종료됩니다. **1AP**

격려
1칸 내의 동료 한 명을
격려합니다. 발생한 스트레스
증상을 없앨 수 있습니다. **2AP**

주목받기
다음 순서까지 자신이 【주목】
받습니다.
3칸 이내에 있는 적의 회피를
-20% 합니다. **2AP**

공격
공격 수단을 한 가지 선택해
사거리 내의 대상을 공격합니다.
D100이 공격 이하로 나오면 성공.
5이하C, 96이상F **×AP**

기타 행동
문을 여닫기, 물건의 양도,
버리기, 줍기, 이야기하기(0AP)
관찰, 자세의 변경 (1AP)
등반 (3AP) 등 **×AP**

행동 방치
이번 순서를 아무런 행동도
하지 않고 종료합니다.
다음 순서에서 최대 AP가 4로
증가합니다. **AP전부**

소지품
메인 무기:

서브 무기:

마스크, 스마트폰

	공격수단	AP	사거리	공격	비고
메인					
서브					
	격투	1	0		20% 성공하면, 1%의 확률로 감염 리스크가 있습니다. 【백병】
	부딪히기	1	0		40% 대미지 대신 【넘어짐】 상태로 만듭니다. 【백병】
	돌	1	1~3		10% 돌의 보충은 언제든 가능합니다. 【투척】 【보충】

( ) □□□□□ □□□□□ □□□□□ □□□□□
( ) □□□□□ □□□□□ □□□□□ □□□□□
( ) □□□□□ □□□□□ □□□□□ □□□□□

거점방어TRPG
좀비 라인

사외 극비

PC 이름				
피침채령				
초능력 분류				
성격 /		연령	성별	담당
신장 cm	체중 kg			

태그

■전투 스킬
- □성량 □전략 □관리 □회피
- □조준 □참기 □궁술 □연사
- □궁술 □연사 □돌파 □무술

■생활 스킬
- □경계 □운전 □탐색
- □가사 □공작 □치료
- □연구 □대화 □운동
- □예술

모럴
스트레스 증상을 억제한다.

스트레스

긴장감 / 한계치

스트레스 한계치까지 도달한 경우 D10을 굴려 증상이 발생한다. 스트레스 증가시 스트레스 증상 발생 시에는 초능력으로 공격한다.

최대 AP: 3
행동

이동
1칸 이동합니다. 바닥이 없는 에리어라면, 바닥이 있는 곳까지 낙하(ZLP39)하여 행동이 종료됩니다. **1AP**

격려
1칸 내의 동료 한 명을 격려합니다. 발생한 스트레스 증상을 없앨 수 있습니다. **2AP**

주목받기
다음 순서까지 자신이 【주목】 받습니다.
3칸 이내에 있는 적의 회피를 -20% 합니다. **2AP**

공격
공격 수단을 한 가지 선택해 사거리 내의 대상을 공격합니다. D100이 공격 이하로 나오면 성공. 5이하C, 96이상F **×AP**

기타 행동
문을 여닫기, 물건의 양도, 버리기, 줍기, 이야기하기 (0AP) 관찰, 자세의 변경 (1AP) 등반 (3AP) 등 **×AP**

행동 방치
이번 순서를 아무런 행동도 하지 않고 종료합니다.
다음 순서에서 최대 AP가 4로 증가합니다. **AP전부**

옷
- □두꺼움
([좀비화] 1회 무효화)
- □가벼움
(항상 회피+10%)

5	한계(스트레스5)	초능력(전AP) · 초능력 후, 자신에게 【상처】와 스트레스↑
4	불안(스트레스3~4)	초능력(1AP) · 초능력 후, 자신에게 스트레스↑
3		
2	안정(스트레스0~2)	초능력(0AP)
1		
0		

소지품
메인 무기:
서브 무기:
마스크

	공격수단	AP	사거리	공격	비고
메인					
서브					
	격투	1	0		20% 성공하면, 1%의 확률로 감염 리스크가 있습니다. 【백병】
	부딪히기	1	0		40% 대미지 대신 【넘어짐】 상태로 만듭니다. 【백병】
	돌	1	1~3	10%	

( )□□□□□□ □□□□□□ □□□□□□ □□□□□□
( )□□□□□□ □□□□□□ □□□□□□ □□□□□□
( )□□□□□□ □□□□□□ □□□□□□ □□□□□□

함정 <small>최대 설치수</small>

5+《관리》인수＝＿＿＿ 개

장소명 ＿＿＿＿＿＿＿＿

관리 시트

좀비라인

거점방어 TRPG

함정류 최대 설치수를 초과해 함정류를 배치하면, 관리를 할 수 없어 거점 방어 개시 때 50%확률로 함정류가 파괴된다.

함정류	배치 장소	내구	발동 조건	효과

탈 것

●탈 것 이름: ＿＿＿＿＿＿ 태그: ＿＿＿＿＿＿
정원: 명 탈출: % 중량: kg 공격: %
내구: ＿＿＿＿＿＿＿＿＿＿ 개수:
내용:

●탈 것 이름: ＿＿＿＿＿＿ 태그: ＿＿＿＿＿＿
정원: 명 탈출: % 중량: kg 공격: %
내구: ＿＿＿＿＿＿＿＿＿＿ 개수:
내용:

●탈 것 이름: ＿＿＿＿＿＿ 태그: ＿＿＿＿＿＿
정원: 명 탈출: % 중량: kg 공격: %
내구: ＿＿＿＿＿＿＿＿＿＿ 개수:
내용:

메모

1일 〈식료〉 소비량

물품 관리

□□□□□ □□□□□10□□□□□ □□□□□20□□□□□ □□□□□30
□□□□□ □□□□□10□□□□□ □□□□□20□□□□□ □□□□□30
□□□□□ □□□□□10□□□□□ □□□□□20□□□□□ □□□□□30
□□□□□ □□□□□10□□□□□ □□□□□20□□□□□ □□□□□30

자재

0	1	2	3	4	5	6	7	8	9	10
11	12	13	14	15	16	17	18	19	20
21	22	23	24	25	26	27	28	29	30
31	32	33	34	35	36	37	38	39	40
41	42	43	44	45	46	47	48	49	50

〈자재〉50을 넘을 때 사용합니다. 50 100

전략

0	1	2	3	4	5	6	7	8	9	10
11	12	13	14	15	16	17	18	19	20
21	22	23	24	25	26	27	28	29	30
31	32	33	34	35	36	37	38	39	40
41	42	43	44	45	46	47	48	49	50

식료

0	1	2	3	4	5	6	7	8	9	10
11	12	13	14	15	16	17	18	19	20
21	22	23	24	25	26	27	28	29	30
31	32	33	34	35	36	37	38	39	40
41	42	43	44	45	46	47	48	49	50

식수

0	1	2	3	4	5	6	7	8	9	10
11	12	13	14	15	16	17	18	19	20
21	22	23	24	25	26	27	28	29	30
31	32	33	34	35	36	37	38	39	40
41	42	43	44	45	46	47	48	49	50

현재치에 말을 놓아두거나 √해서 관리합니다.

Calendar
Travel Scenario

탐색

멘탈 케어

기타 행동

1 ☐	11 ☐	21 ☐
2 ☐	12 ☐	22 ☐
3 ☐	13 ☐	23 ☐
4 ☐	14 ☐	24 ☐
5 ☐	15 ☐	25 ☐
6 ☐	16 ☐	26 ☐
7 ☐	17 ☐	27 ☐
8 ☐	18 ☐	28 ☐
9 ☐	19 ☐	29 ☐
10 ☐	20 ☐	30 ☐

거점 외 생활의 절차

■ 1일의 개시
• 수분/영양/잠이 부족하면【상태나쁨】
• 전날 식사를 하지 않았다면【공복】

■ 도중 행동 (1일에 하나 선택)
「탐색+라이프라인 보너스」
「멘탈 케어」
「기타 행동」

■ 야영
•「경계」전원 실패하면 스트레스↑
•〈식료〉〈식수〉를 소비

↓
1일 종료

거점에 도착했을 때,
당일은 야영→휴식.
다음날은 거점 행동
또는 거점 엔드 가능

탈 것

●탈 것 이름:　　　　　태그:
정원:　명　탈출:　%　중량:　　kg 공격:　　%
내구:　　　　　　　　개수:
내용:

물품 관리

자재

0	1	2	3	4	5	6	7	8	9	10
11	12	13	14	15	16	17	18	19	20
21	22	23	24	25	26	27	28	29	30
31	32	33	34	35	36	37	38	39	40
41	42	43	44	45	46	47	48	49	50

〈자재〉50을 넘을 때 사용합니다. 50 100

식료

0	1	2	3	4	5	6	7	8	9	10
11	12	13	14	15	16	17	18	19	20
21	22	23	24	25	26	27	28	29	30
31	32	33	34	35	36	37	38	39	40
41	42	43	44	45	46	47	48	49	50

전력

0	1	2	3	4	5	6	7	8	9	10
11	12	13	14	15	16	17	18	19	20
21	22	23	24	25	26	27	28	29	30
31	32	33	34	35	36	37	38	39	40
41	42	43	44	45	46	47	48	49	50

식수

0	1	2	3	4	5	6	7	8	9	10
11	12	13	14	15	16	17	18	19	20
21	22	23	24	25	26	27	28	29	30
31	32	33	34	35	36	37	38	39	40
41	42	43	44	45	46	47	48	49	50

현재치에 말을 놓아두거나 √해서 관리합니다.

거점방어TRPG

좀비라인

지도 시트
에리어명

◎거점　○장소

접힌 부분이 정확하게 5 ㎢를 나타내며
5 ㎞ 이상 떨어진 지점으로 가려면
탈 것(휠체어 제외)을 이용하거나,
귀환을 위해 추가로 1행동을 더
사용해야 합니다.
탈것을 타고 갈 때는《운전》을 합니다.
시간대나 도로의 상황에 따라 난이도가
변동하며, 실패하면 도중에 사고를 내서
탈것의 내구가 1 감소합니다.

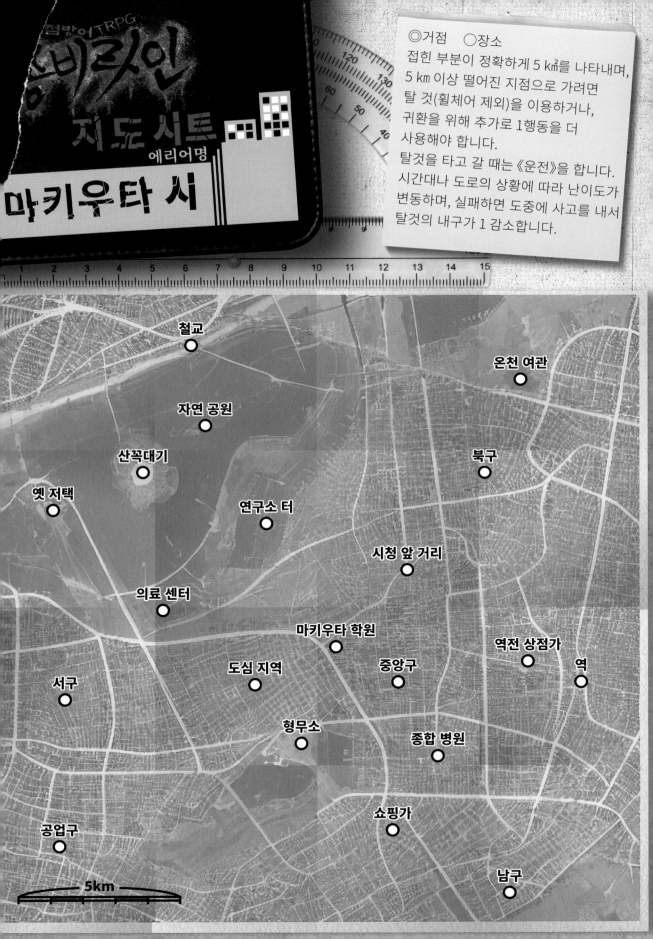

후기

덧붙이며

한국판 좀비 라인이 발매되었습니다!

TRPG CLUB 여러분께서 전부터 유학예에 관심을 가져주셨습니다만, 한국에서 호러물이 유행하는 덕분에 좀비 라인의 번역이 실현되었습니다.

한국의 유저 여러분께서 즐거워하신다는 이야기를 전해들으니 매우 기쁘네요.

이 책에 수록한 시나리오 「학교 방위 위원회」를 플레이하는 모습을 리플레이 동영상으로 만들었습니다. 손수 그린 일러스트를 200장 이상 사용한 역작이니 부디 시청해주시기 바랍니다.

이번에는 좀비 라인의 플레이 스타일을 확장하는 다양한 시츄에이션을 준비했습니다.

부디 플레이해보시기 바랍니다.

야스다 린

거점방어 TRPG 좀비라인 서플리먼트 데드 왈츠

2차창작 및 상업이용에 대해서

비영리적 사용은 CC(크리에이티브 커먼즈)로 허가합니다만, 2차창작이나 영리 이용의 경우에는 어디까지 괜찮은지 판단하기 곤란한 부분이 있다고 생각합니다. 그 구체적인 예시를 들겠습니다.

OK> > > > > > > > > > > > > >

- 시트의 인쇄, 시나리오의 제작, 세계관의 변경이나 그에 연관된 표기의 변경
- 세션의 진행을 원활하게 하기 위한 목적으로 룰북의 필요한 부분을 복사하여 열람하거나 인용하는 것
- 온라인세션을 원활하게 진행하기 위한 세팅이나 요약본의 설치와 배포
- 시나리오나 서플리먼트, 리플레이, 요약본 등의 2차창작 작품의 공개나 판매
- 참가비가 유료인 컨벤션, 게임 모임(온라인, 오프라인 모두)에서의 이용
- TRPG 카페나 보드게임 카페 등을 포함한 점포 이벤트에서의 이용
- 도서관 등 공공기관에서의 이용
- 민간 복지, 교육기관에서의 이용
- (수익을 내지 않는) 동영상, 방송에서의 이용
- 영상과 기타 멀티미디어 제작에서의 일부 이용

NG> > > > > > > > > > > > > >

- 저작권 인용의 범위를 벗어나 복제하고 판매하는 것.
- 체험판에 없는 부분을 포함한 내용을 의도적으로 배포하는 것.
- 자체 제작한 2차 창작 작품을 공식에서 제공하거나 관여하였다고 표기, 주장하는 것

그 밖에도 여기 쓰여져 있지 않아서 판단이 곤란한 경우에는, 공식 사이트로 문의해 주시기 바랍니다.